Lutz Büge

Die JFK-Akten

Die JFK-Akten

Kurzroman

Lutz Büge

Nr. 1 der Serie
Virenkrieg Sidelines

Ybersinn-Verlag Offenbach

Lutz Büge, Jahrgang 1964, geboren in Eutin, lebt seit 2010 in Offenbach am Main. Er bloggt für eine überregionale deutsche Tageszeitung, für die er auch die Leserbriefseiten betreut, und hat seit 1996 mehrere Romane veröffentlicht und für verschiedene Zeitungen geschrieben. Sein Schwerpunkt liegt zurzeit auf dem „Virenkrieg"-Zyklus, in dem nach dem Eröffnungsroman „Virenkrieg – Erstes Buch" zuletzt „Skylla – Virenkrieg II" als E-Book erschienen ist.
Mehr über Lutz Büge: ybersinn.de/lutz-buge

Die JFK-Akten
Das Attentat auf den US-Präsidenten John F. Kennedy gilt als aufgeklärt. Doch wenn alles ganz anders war?

Die JFK-Akten ist Nr. 1 der Serie „Virenkrieg Sidelines".
Mehr: ybersinn.de/romane/virenkrieg-sidelines/

1. Auflage

Inh. Thomas Vögele
Senefelderstr. 24, 63069 Offenbach
Umschlaggestaltung: Isabella V. Galanty
Umbruch, Satz: CPI-Books, Leck
Druck: CPI Leck
Printed in Germany
ISBN 978-3-9817388-5-8

Am 22. November 1963 wurde US-Präsident John Fitzgerald Kennedy in Dallas erschossen. Als Attentäter gilt bis heute ein Mann namens Lee Harvey Oswald, dem jedoch nicht der Prozess gemacht werden konnte, da er zwei Tage nach seiner Festnahme ebenfalls ermordet wurde.

Kennedys Nachfolger als Präsident, Lyndon B. Johnson, berief eine Kommission ein, um die Umstände des Attentats untersuchen zu lassen, die Warren-Kommission. Sie gelangte zu der Auffassung, dass Oswald der alleinige Täter gewesen sei. Diversen Zeugenaussagen und Spuren, die andere Schlüsse bis hin zu einer Verschwörung gegen den Präsidenten nahelegten, ging die Kommission nicht nach. Eine juristische Aufarbeitung des Attentats durch US-Gerichte hat bis heute nicht stattgefunden.

Johnson verfügte 1964, dass die Akten, auf deren Grundlage die Warren-Kommission zu ihrer Einschätzung gelangt war, für 75 Jahre gesperrt werden sollten. Als Reaktion auf den Film „JFK" von Oliver Stone aus dem Jahr 1991 beschloss der US-Kongress jedoch 1992 ein Gesetz, das die Eröffnung der JFK-Akten spätestens für das Jahr 2017 ansetzte. US-Präsident Barack Obama kann eine Verlängerung der Geheimhaltung anordnen.

Die Akten befinden sich im US-Nationalarchiv in College Park, Maryland, wenige Kilometer von Washington entfernt.

12. Oktober 2016
College Park, Maryland

Es regnete Bindfäden, doch Kenneth Fitzgerald wusste sich zu schützen, indem er, wie er gern sagte, bewährte Hochtechnologie einer einstigen Supermacht einsetzte. Unter seinem Regenschirm aus englischer Produktion blieb er zuverlässig trocken, während er von seinem Wagen, einem Mini, über den Parkplatz zum Foyer des NARA-Gebäudes ging. Sein Tweed-Mantel stammte aus Schottland, sein Schuhwerk war Importware aus dem früheren Mutterland.

Es kümmerte ihn nicht, dass ihm seine äußere Erscheinung mitunter Spott eintrug. Seinerzeit war es ihm auf diese Weise gelungen, eine Frau für sich zu interessieren – etwas, das er zuvor für unmöglich gehalten hätte. Nicht trotz, sondern wegen seiner Eigenarten war sie zu ihm gekommen und so lange bei ihm geblieben, wie es ihr beschieden gewesen war. Warum also sollte er etwas an sich verändern? Ja, er liebte es, sich britisch zu kleiden, und zugleich verhöhnte er Großbritannien, indem er einen Regenschirm als Hochtechnologie bezeichnete. Er konnte niemanden respektieren, der ihn für Äußerlichkeiten verspottete, ohne die ironische Distanz dahinter zu erkennen, die Haltung.

Das war es, was der Welt fehlte: Haltung! Und Respekt!

Es wird von Tag zu Tag schwerer, gern zur Arbeit zu gehen, dachte er, während er sich dem

Portal des Gebäudes der *National Archives and Records Administration* näherte, in der linken Hand wie immer die abgetragene Aktentasche, die er von seinem Vater geerbt hatte und die für manche ein Stein des Anstoßes war. Jemand in der Position eines Archivleiters sollte sich wohl einen zeitgemäßen Aktenkoffer leisten können? Natürlich konnte er! Dennoch bevorzugte Kenneth die Aktentasche seines Vaters. Er trug sie als ein Symbol der Hochachtung vor der Geschichte, denn sein Vater hatte John F. Kennedy die Hand geschüttelt mit dieser Aktentasche in der anderen Hand. Sie war gewissermaßen ein historisches Artefakt, dessen Bedeutung und Botschaft allerdings nicht auf der Hand lag. Kenneth meinte erwarten zu dürfen, dass man ihn zunächst fragte, was es mit dieser Tasche auf sich habe, ehe man ihn deswegen verspottete. Er forderte solche Fragen tagtäglich geradezu heraus, indem er diese Tasche zur Arbeit trug. Doch nein, man verspottete ihn in Unwissenheit.

Das war ein weiteres Problem der gegenwärtigen Welt: Oberflächlichkeit. Wie schnell war ein Urteil gefällt! Wie hartnäckig hielt es sich, sobald es einmal verhängt war!

Doch Kenneth hatte längst den passenden Umgang damit gefunden: Seine Antwort auf Desinteresse war – Desinteresse. Es war ihm schlicht egal, was man von ihm hielt. Er beabsichtigte nicht, etwas an sich zu verändern. Wendehälse liefen auf diesem Planeten schon genug herum. Haltung! Das war es, was gebraucht wurde. Wenn jemand wollte, dass Kenneth sich veränderte, musste er stichhaltige, überzeugende Argumente liefern.

Obwohl er zuverlässig vor der Nässe geschützt war, hatte er schlechte Laune, während er dem Eingang des Nationalarchivs entgegenstapfte.

Er hasste Veränderungen. Was früher funktioniert hatte, wurde nicht auf einen Schlag unsinnig, nur weil jemand mit Doktortitel in Medienkommunikation der Meinung war, dass die Pressearbeit der NARA modernisiert werden musste. Kenneth hasste es, fotografiert zu werden. Er hätte sehr gut damit leben können, wenn die Presseabteilung der NARA weiterhin die Fotos verwendet hätte, die vor zwanzig Jahren gemacht worden waren, als Kenneth seinen Job angetreten hatte. Sie waren deutlich besser als alle Fotos, die man heutzutage von ihm würde aufnehmen können. Sofern es überhaupt möglich war, gute Fotos von ihm zu machen. Kenneth hatte begründete Zweifel, denn er wusste, dass er mager war und dass seine Schultern nach vorn sackten, sobald die Sache mit der Haltung aus dem Fokus seiner Aufmerksamkeit zu rutschen drohte – eine Gefahr, die leider jederzeit gegeben war. Und dass die Form seines Schädels nicht zuletzt wegen seiner scharf vorspringenden Nase an einen Raubvogel erinnerte, war ihm ebenfalls nicht neu; er wurde jeden Morgen beim Blick in den Spiegel daran erinnert. Aber Direktor Harrison hatte ihn nicht mit Argumenten zu überzeugen versucht, dass neue Fotos nötig waren, sondern er hatte den Fototermin einfach angeordnet! Kraft der Autorität seines Amtes, ohne weitere Diskussion. Kenneth hatte seine Haltung nur mit Mühe bewahrt. Morgen sollte der Termin sein.

Das Archiv war kein Ort mehr, an dem er sich der stillen Gesellschaft historischer Dokumente erfreuen konnte. Andauernd wollte jemand etwas von ihm. Die Zahl der Antrags- und Anfrageschreiben stieg ständig. Er wünschte, es gäbe einen Antrags- und Anfragenschirm, so wie es Regenschirme gab. Aber so etwas hatten bisher selbst die Briten nicht erfunden.

Kenneth oblag die Betreuung historischer Akten und Urkunden im Nationalarchiv. Dieser Begriff stand tatsächlich in seinem Arbeitsvertrag: Betreuung. Das bedeutete, dass er für ihre Unversehrtheit zu sorgen, sie nach den Regeln der Archivarskunst zu katalogisieren, zu dokumentieren und zu erweitern hatte und dass er aktuelle Veröffentlichungen zu den Themen, von denen sie handelten, verfolgte und den Vorgängen hinzufügte. Sein Verständnis von Betreuung ging so weit, dass er sich sogar mit Dringlichkeit für die Digitalisierung dieser Akten und Dokumente ausgesprochen hatte, obwohl dies zweifellos eine Veränderung bedeutete – aber eben eine mit überzeugender Begründung, denn nach der Digitalisierung würde niemand mehr die Originale anfassen müssen. Sie würden vor Berührung und Abnutzung geschützt sein. Leider ging das große Projekt kaum voran. Die JFK-Akten waren bis heute nicht digitalisiert worden, obwohl sie mehr als alle anderen in Gefahr waren, in direkten Kontakt mit der Öffentlichkeit zu kommen.

Dies nun war etwas, was für Kenneth nicht mehr unter „Betreuung" lief: Er sollte sich darum kümmern, dass die Öffentlichkeit Zugang zu den JFK-Akten bekam, wenn demnächst die Sperrfrist ablief. Das forderte seinen Widerspruch heraus. Aus seiner Sicht mussten die Akten vor der Öffentlichkeit geschützt und ihr nicht im Gegenteil ausgeliefert werden. Ohnehin war Kenneth der Meinung, dass die Öffentlichkeit kein Recht hatte zu erfahren, was in den Akten stand.

„Die Frist läuft ab, Mr. Fitzgerald", hatte Direktor Colby Harrison ihm jedoch unmissverständlich widersprochen. „Das bedeutet, dass wir verpflichtet sind, die JFK-Akten ab dem 1. Januar 2017 zugänglich zu machen. Wer, wenn nicht Sie, könnte diesen Prozess organisieren? Bei wem wäre die Betreuung dieses Vorgangs in besseren Händen?"

Der Direktor streicht mir Honig um den Bart?

Kenneth fiel nicht darauf herein.

„Sie sind also ebenfalls der Meinung, dass die Dokumente veröffentlicht werden sollten?", hatte Kenneth gefragt.

„Das hat nichts mit meiner persönlichen Meinung zu tun. Die Gesetzeslage ist eindeutig.

Der Gesetzgeber hat eine Frist gesetzt, und die läuft Ende des Jahres ab. Die Öffentlichkeit hat ein Recht darauf zu erfahren, was in diesen Unterlagen steht."

„Meines Wissens kann der Präsident diese ominöse Sperrfrist verlängern."

„Das ist richtig, aber ich wüsste nicht, was an der Sperrfrist ominös sein soll."

„Haben Sie Erkenntnisse darüber, ob er dies zu tun gedenkt?"

„Nein, darüber ist mir nichts bekannt."

„Wären Sie so freundlich, mir einen Termin beim Präsidenten zu besorgen?", hatte Kenneth gefragt, ohne mit der Wimper zu zucken. „Ich möchte ihn … beraten."

„Ich habe fast den Eindruck", sagte Harrison, nachdem er Kenneth sekundenlang prüfend gemustert hatte, „dass Sie der Ansicht sind, die Akten sollten nicht veröffentlicht werden."

„Zum Glück nur fast", gab Kenneth zurück.

„Wie bitte?"

„Zum Glück haben Sie diesen Eindruck nur fast."

„Mr. Fitzgerald, das Kennedy-Attentat war vor 53 Jahren", erwiderte Harrison seufzend.

Als sei dies ein Argument.

Kenneth nickte und sagte:

„Ich möchte dazu beitragen, dass der Präsident die Folgen der Veröffentlichung hinreichend einschätzen kann."

Tatsächlich hatte Kenneth seinen Termin beim Präsidenten bekommen. Eine volle Viertelstunde hatte er ihn beraten dürfen. Der Präsident hatte sich freundlich für seine Ausführungen bedankt und ihn dann gefragt:

„Ist es Zufall, dass Ihr Nachname so lautet wie JFKs zweiter Vorname?“

„Über den Zufall weiß ich nichts, Sir“, hatte Kenneth geantwortet, „aber ich habe irische Vorfahren wie er.“

„Dann ist diese Sache bei Ihnen in guten Händen.“

„Wie meinen Sie das, Sir?“

„Sie haben mir gerade erzählt, was damals vermutlich wirklich geschehen ist. Sie wissen also um die Bedeutung dieser Ereignisse. Sorgen Sie einfach dafür, dass die Dinge wohldosiert ans Licht der Öffentlichkeit gelangen, nicht mit einem Schlag.“ Und der Präsident hatte hinzugefügt: „Ich denke, dass es nach all den Jahren nun an der Zeit ist, die Öffentlichkeit zu informieren.“

Es hatte Kenneth geärgert, dass der Präsident seinem Rat nicht hatte folgen wollen, doch er verehrte diesen nachdenklichen Mann, der zwar leider der falschen Partei angehörte, jedoch die Folgen seines Tuns in seinen beiden Amtszeiten stets in alle Richtungen abzuwägen versucht hatte. Das zeugte von Haltung in diesem riesigen Heer der Opportunisten in Washington, obwohl es dem Präsidenten den Ruf des Zögerlichen eingetragen hatte.

Kenneth ging unschlüssig aus diesem Treffen. Wenn die Entscheidung des Präsidenten richtig war, bedeutete dies nicht nur Veränderungen für die USA, sondern es bedeutete auch, dass er, Kenneth, sich irrte. Musste das Land diese Dinge wirklich erfahren? Dieser Zeitpunkt war vermutlich so gut oder schlecht wie jeder andere. Das Problem war, das Kenneth sich mit dem „Licht der Öffentlichkeit", wie der Präsident es genannt hatte, nicht auskannte. Seine Erfahrungen damit beschränkten sich auf eine Reihe von Artikeln, die er für „Archiv und Geschichte" verfasst hatte, eine Fachzeitschrift. Die Resonanz auf seine Texte hatte sich auf Fachkreise beschränkt. Öffentlichkeit war vermutlich etwas anderes.

Immerhin hatte er Direktor Harrison das Versprechen abringen können, Kenneths Abteilung personell zu verstärken. Bei Kenneths Amtsantritt vor fast zwanzig Jahren hatte sie sechs Köpfe gezählt. Heute waren es noch drei, Kenneth eingeschlossen. Der Sparzwang war überall zu spüren. Es war alles andere als einfach, geeignetes Personal zu finden, denn wer auch immer zur Verstärkung kommen würde, musste bestimmte Kriterien erfüllen, zum Beispiel die richtige Freigabestufe besitzen. Immerhin hatten die JFK-Akten und viele andere Dokumente und Urkunden, die Kenneth betreute, den Status von Staatsgeheimnissen. Wer mit ihnen umging, wurde zum Geheimnisträger. Kenneth hatte Freigabestufe 2.2. Das war die Stufe gleich unter der des Präsidenten, des Nationalen Sicherheitsberaters, des Verteidigungsministers und der

Chefs der wichtigsten Geheimdienste. Der Zusatz „.2“ bedeutete, dass Kenneths Zulassung auf Dokumente beschränkt war, die als historisch eingestuft worden waren. Geheim waren sie dennoch, und in den meisten Fällen war das auch gut so. Leider hieß dies auch, dass die Leute, die Kenneths Abteilung verstärken könnten, nicht auf den Bäumen wuchsen. Darum bestand die Abteilung heute aus nur noch drei Menschen.

Die Entscheidung über die JFK-Akten war also gefallen. Der Präsident würde die Geheimhaltungsfrist nicht verlängern. Für Jahrzehnte hatten die USA diese Geheimnisse hierher verdrängt, ins Nationalarchiv, und hatten Kenneth zum fleischgewordenen Gewissen der USA gemacht. Mit dieser verantwortungsvollen Position musste man umgehen können. Kenneth konnte das. Er verfügte über die Fähigkeit, Haltung zu bewahren. Leider hatte sich dieses Land dafür entschieden, die Verdrängung zu beenden, ungeachtet der Tatsache, dass es Gründe dafür gab, dass diese Dinge weggeschlossen worden waren. Gute Gründe!

Immerhin: Alle Drahtzieher von damals waren längst tot. Sie hatten ihre Geheimnisse mit sich in ihre Gräber genommen, und sie hatten verhindert, dass die Nachwelt zu früh davon erfuhr. Das würde sich nun also ändern. Der 1. Januar 2017 würde gewiss einmal als Einschnitt in die amerikanische Geschichte gewertet werden. Vielleicht würde es sogar dereinst einen

Feiertag deswegen geben. Und weil die Menschen in diesem Land wussten, dass die Sperrfrist endete, wuchs die Zahl der Anträge auf Akteneinsicht von Tag zu Tag und hatte bereits jetzt die tausend überstiegen.

Natürlich mussten bei der Bearbeitung der Anträge jede Menge Vorschriften beachtet werden. Kenneth war fest entschlossen, die Bestimmungen eng auszulegen und die Veröffentlichungen verantwortungsvoll zu orchestrieren, so wie es ihm der Präsident nahegelegt hatte. Von den Medien würde zunächst niemand an die Akten herankommen. Für den Anfang hatte er eine Handvoll renommierter Historiker ausgewählt, die sich in der Vergangenheit mit behutsamen Forschungen zum JFK-Attentat hervorgetan hatten.

Linda Wisniewski, die Leiterin der Presseabteilung, hatte ihm unmissverständlich zu verstehen gegeben, dass ihr diese Genehmigungspraxis nicht passte.

„Ken, wir müssen die Presse ins Boot holen", hatte sie gestern bei einem Telefonat gesagt und damit bereits die Konfliktlinie beschrieben. Doch es war Kenneth egal, was Linda passte und was nicht. Er war keineswegs der Meinung, dass der Presse in dieser Angelegenheit eine bevorzugte Rolle zukam, sondern im Vordergrund hatte die wissenschaftliche Aufarbeitung zu stehen. Nur dann, mit der gebotenen Gründlichkeit, konnte er hoffen, den Prozess gleitend zu gestalten. Veränderung ja, aber langsam und bekömmlich und zu Kenneths Bedingungen. Lindas Argumente überzeugten ihn nicht, ja, genau genommen hatte Linda gar keine Argumente, sondern nur ein Credo. Betrüblicherweise kam dieses Credo einer Haltung ziemlich nahe und nötigte Kenneth daher trotz allem Respekt ab.

Doch Linda konnte nur deswegen so reden, weil sie keine Ahnung davon hatte, was in den Dokumenten stand. Daher konnte er ihr keinen Einfluss auf die Vorgänge gestatten. Zur Not musste er das Gespräch mit dem Direktor suchen und ihm unmissverständlich klarmachen, wie diffizil die Angelegenheit war. Übrigens wusste Kenneth nicht, ob der Direktor die Hintergründe kannte. Kenneth hatte ihn nie gefragt. Die nötige Freigabestufe hatte Harrison, so dass er die Akten jederzeit hätte lesen können. Dennoch unterstützte er Linda.

Kenneth schüttelte seinen Regenschirm aus und faltete ihn zusammen. Bevor er das Archiv betrat, suchte er den Himmel nach blauen Flecken ab, doch es herrschte Einheitsgrau, und es hörte nicht auf zu regnen.

Heute war der Tag der Entdeckung Amerikas. Hatte es geregnet, als Columbus heute vor 524 Jahren auf der Insel San Salvador zum ersten Mal amerikanischen Boden betreten hatte?

Kenneth wäre jederzeit bereit gewesen zu wetten, dass sich niemand im Nationalarchiv darum scherte, dass heute der 12.Oktober war. Die USA hatten den Columbus Day bereits vorgestern gefeiert. Der Staat hatte daraus einen beweglichen Feiertag gemacht, der immer auf den zweiten Montag im Oktober fiel, und ganz Amerika machte dabei mit und freute sich über ein langes Wochenende.

Was für ein rückgratloser Unsinn!

Es war den Menschen völlig egal, ob an jenem Tag wirklich Historisches vor sich gegangen war. Niemand interessierte sich für die Hintergründe. So war es mit vielem in diesem Land. Oberflächlichkeit, wohin man sah!

Und nun sollte schlagartig alles anders werden, nur weil eine Frist ablief, die mehr oder weniger willkürlich gesetzt worden war? Das Land sollte die historische Realität hinter dem Kennedy-Attentat erfahren? Es sollte dem Griff des dumpfen Friedens entwunden werden, der es seit 1963 im Griff gehabt hatte?

Kenneth konnte dem nichts abgewinnen, im Gegenteil: Alles in ihm sträubte sich dagegen. Jahrzehntelang hatte sich dieses Land nicht für die JFK-Akten interessiert. Kenneth konnte keinen überzeugenden Grund erkennen, warum sich dies nun ändern sollte und warum dieses Land doch noch damit konfrontiert werden sollte, obwohl sein praktizierter Wille ein anderer gewesen war.

Wissen musste man sich erarbeiten. Man lagerte es nicht irgendwo ein und schloss es weg, sondern man stellte Fragen danach, interessierte sich dafür und eroberte dieses Wissen. Die USA aber hatten nicht gefragt. Nicht drängend genug. Dieses Land war recht zufrieden damit gewesen, diese Dinge nicht zu wissen. Es hatte sich damit eingerichtet, Vermutungen über das Attentat anzustellen, Verschwörungstheorien zu entwickeln und Bücher darüber zu schreiben, die zu Bestsellern wurden, und viele Zeitgenossen hatten gut daran verdient. Und nun sollte diesem Volk dieses Wissen einfach in den Schoß fallen? Wer trug die Verantwortung für die Folgen? Bei ihm, Kenneth, brauchte sich hinterher niemand zu beschweren: Wir haben doch nicht gewusst...

Bitte sehr, wenn es denn gewünscht wird ...

***

Dempsey, der Mitarbeiter am Empfang, begrüßte Kenneth zu dessen Überraschung mit den Worten:

„Mensch, Mr. Fitzgerald, Sie sind ein Glückspilz!"

Wie kommt er auf solchen Unsinn?

„Diese Einschätzung kann nur auf einem Mangel an Fakten beruhen", gab Kenneth zurück.

„Schroff wie immer, der hochmögende Herr."

Dempsey lachte, und Kenneth ging schulterzuckend weiter.

Am Fahrstuhl zum Bürotrakt stieß er auf Direktor Harrison im Gespräch mit Linda Wisniewski. Er konnte sich des Eindrucks nicht erwehren, dass die beiden auf ihn gewartet hatten. Der Direktor unterbrach sich sofort, als er Kenneth erblickte, und fragte mit einer Fröhlichkeit, die Kenneth aufgesetzt vorkam:

„Guten Morgen, mein Lieber. Sind Sie gut gelaunt?“

Kenneth überlegte einen Moment, ob er die Wahrheit sagen sollte, doch der Direktor sprach schon weiter:

„Sie werden diese Angelegenheit gut über die Bühne bringen, ich bin sicher!“

Kenneth runzelte die Stirn. Was für eine Angelegenheit? Was hatte diese ominöse Fröhlichkeit zu bedeuten? Was war heute Morgen nur in die Menschen gefahren?

Diese Angelegenheit – damit konnte Harrison eigentlich nur das Projekt JFK meinen.

„Sicher“, gab er daher einsilbig zurück.

„Was für eine Frage“, sagte Linda und blinzelte ihm in einer Weise zu, die wohl aufmunternd gemeint war. Als benötige er dergleichen gerade von ihr! „Natürlich wird alles gut laufen. Unser Mr. Fitzgerald ist ein Original. Die Medien lieben Originale!“

Kenneth verstand kein Wort, sagte aber in dem Bemühen, freundlich zu wirken:

„Danke schön. Wir sehen uns ja nachher.“

Er winkte, betrat die Kabine des Fahrstuhls, dessen Tür sich soeben öffnete, und ließ die beiden stehen.

Irgendetwas stimmt nicht.

Dieses Gefühl verdichtete sich, als ihm auf dem Gang Phoebe Kowalski auf ihren dicken Beinen entgegenkam, seine Büroleiterin. Sie machte schon von ferne einen aufgeregten Eindruck und wirkte erleichtert, als sie Kenneth sah. Das war keineswegs selbstverständlich.

„Dem Himmel sei Dank, Sie sind pünktlich!"

Kenneth musterte sie erstaunt.

„Natürlich bin ich pünktlich", sagte er. „Ich bin immer pünktlich!"

Er fand es unnötig, dies zu betonen.

„Sie ist schon da", raunte Phoebe ihm zu. „Ich hätte es kaum für möglich gehalten, dass jemand pünktlicher ist als Sie."

„Das ist in der Tat schwer vorstellbar", sagte Travis Ward im Vorbeigehen, der Archivbote, der über gute Ohren verfügte. Er fügte hinzu: „Sie Glückspilz!"

„Sie sind schon der zweite, der mich heute Morgen so nennt", fuhr Kenneth ihn an. „Womit habe ich so viel Zuwendung verdient?"

„Stimmt, haben Sie nicht", gab der Bote lachend zurück und zog von dannen.

„Jetzt sagen Sie nur nicht, Sie haben den Termin vergessen", empörte sich Phoebe. „Ich habe Ihnen gestern Nachmittag noch die Erinnerung per Mail geschickt!"

„Sie wissen doch, dass ich nachmittags nicht mehr in meine Mails schaue!"

„Und Sie wissen, dass ich Ihnen nachmittags immer die Termine schicke", hielt Phoebe ihm unbeeindruckt entgegen.

„Also, was ist los?“

„Diane Arnsworth wartet auf Sie!“

Da fiel es Kenneth wieder ein.

„Die Journalistin!“, stöhnte er auf. „Die habe ich total vergessen.“

Am liebsten wäre er auf der Stelle umgekehrt und wieder nach Hause gegangen.

„Vergessen?“, fragte eine junge Frau, die in diesem Moment den Kopf aus der Vorzimmertür streckte und auf den Korridor sah. „Dafür sind Sie erstaunlich pünktlich.“

Das erste, was Kenneth an ihr auffiel, war ihre Armbanduhr, auf die sie in diesem Moment blickte, ein altmodisches Modell zum Aufziehen, das Dianes schmales Handgelenk an einem eleganten Band aus geschmiedeten Goldringen schmückte. Kenneth fühlte sich sofort an die Armbanduhr seiner Mutter erinnert, die ihr ganzer Stolz gewesen war.

„Diane Arnsworth“, sagte sie, trat zu ihnen und streckte ihm ihre Hand entgegen.

„Vom *Time*-Magazin“, erinnerte sich Kenneth.

„Lediglich freie Mitarbeiterin bei *Time*“, korrigierte sie, „aber es stimmt, ein paar meiner Reportagen wurden dort veröffentlicht. Jenseits davon betreibe ich das Blog *Inside Mind*, von dem Sie vielleicht schon gehört haben.“

Phoebe lachte auf.

„Sie sind so jung“, entfuhr es Kenneth.

„Das kann man so oder so sehen“, gab Diane zurück.

„Sir, bevor Sie noch mehr Unsinn reden, würde ich vorschlagen, dass Sie Miss Arnsworth einfach in Ihr Büro einladen“, schlug Phoebe resolut vor.

„In mein Büro, ja“, stotterte Kenneth.

Wo geht es hier noch gleich zu meinem Büro?

Der Anblick der Journalistin hatte ihn völlig aus der Bahn geworfen. War dies wirklich das erste Mal, dass er einer Person dieser sonderbaren Spezies begegnete, deren Aufgabe es war, Dreck aufzuwirbeln? Nie und nimmer hätte er sich vorzustellen gewagt, dass eine Journalistin nicht nur so jung, sondern auch so schön, so wunderschön sein konnte. Diese klaren Augen, diese Wangengrübchen! Ja, da war außerdem auch ein ironisches Blitzen im Spiel, und Kenneth ahnte bereits, dass er im Begriff war, sich lächerlich zu machen, aber dieser Gedanke schreckte ihn nicht. Er ertrug ihn mit Haltung.

Haltung ist das halbe Leben.

In Dianes Fall gefiel es ihm sogar, Schwächen durchblitzen zu lassen.

Frauen mögen so was.

„Chef, soll ich Mrs. Wisniewski um Unterstützung bitten?“, fragte Phoebe, als Kenneth keinerlei Anstalten machten, sich zu seinem Büro in Bewegung zu setzen.

Die wohlplatzierte Drohung tat ihre Wirkung. Kenneth straffte seine magere Gestalt, drückte seine Schultern heraus, die nach vorn gesackt waren, und sagte nicht ohne Selbstironie:

„Ich weiß wieder, wo mein Büro ist.“

Wenig später saßen Diane und er an einem Tisch in der Ecke seines Büros – am Schreibtisch wäre die Distanz zwischen ihnen nach Kenneths Geschmack zu groß gewesen –, und Phoebe servierte Kaffee und Kekse, bevor sie das Büro verließ und die Tür hinter sich schloss.

„Jetzt sagen Sie mir bitte noch mal, was Sie eigentlich von mir wollen", eröffnete Kenneth die Unterhaltung. „Ich weiß, Sie haben das schon in Ihrer Mail geschrieben, als Sie um dieses Treffen gebeten haben, aber …"

„Das habe ich ehrlich gesagt nicht", erwiderte Diane. „Ich habe nur eine Anfrage für ein Gespräch mit Ihnen an die NARA-Presseabteilung geschickt. Als Grund habe ich lediglich das Ende der Sperrfrist der JFK-Akten genannt. Aber Ihre Pressechefin versteht Ihren Job und wusste meine Anfrage zu bewerten. Ich mag noch jung sein, wie Sie ja bereits bemerkten, aber ich habe schon einige vielbeachtete Reportagen veröffentlicht, und mein Blog zählt zu den 50 meistgelesenen Blogs der USA."

„Sollte ich Ihnen zu nahe getreten sein …"

„Keine Sorge. Linda rief mich damals an, wir plauderten ein wenig, und so bekam ich die Genehmigung zu diesem Treffen mit Ihnen."

„Das war zweifellos sehr freundlich von Linda", kommentierte Kenneth trocken.

„Um Ihre Frage zu beantworten, was ich eigentlich will: Ich arbeite an einem Porträt von Ihnen."

Kenneth verschluckte sich fast.

„Damit meinen Sie aber kein Gemälde, will ich hoffen."

„Nein", antwortete Diane lachend.

„Mein Anblick ist nicht dazu geeignet, Menschen zu erfreuen."

„Warum?"

Die Art, wie sie fragte – schnell, fast erbarmungslos –, warnte Kenneth. Machten Journalisten das so, wenn sie nachhakten? Doch Diane schickte ein Lachen hinterher und fuhr fort:

„Warum? Sie sind ein würdiger Herr in den Sechzigern, der sich stilvoll zu kleiden versteht."

„Das sehen nicht alle so", sagte Kenneth, weil ihm nichts Besseres einfiel, und ließ diesen Worten eine wegwerfende Handbewegung folgen. „Was aber im Grunde unerheblich ist."

„So ist es." Diane lächelte, doch ihr Tonfall deutete an, dass es jetzt ernst werden würde. „Ich möchte Sie porträtieren als den Mann, der schon heute weiß, was die USA erst im Lauf des nächsten Jahres erfahren werden, und ich möchte versuchen, in Erfahrung zu bringen, ob uns eine Luftnummer erwartet oder ob Sie so etwas wie das menschgewordene schlechte Gewissen Amerikas sind."

Kenneth starrte sie an. Woher wusste sie das mit dem Gewissen?

Das sind meine eigenen Gedanken!

„Sie kennen den Inhalt der JFK-Akten?", fragte sie.

„Selbstverständlich. Aber ich bitte Sie um Verständnis dafür, dass ich über Inhaltliches nicht reden darf. Die Sperrfrist ist noch nicht abgelaufen."

„Keine Sorge, darum geht es nicht. Es geht nur darum, wie Sie persönlich damit umgehen."

„Ich persönlich? Wie meinen Sie das?"

„Haben Sie etwas dagegen, wenn ich von jetzt an aufzeichne?"

Kenneth überlegte einen Moment. Im äußersten Notfall konnte er jederzeit Linda Wisniewski rufen lassen.

„Nein, lassen Sie laufen."

„Mr. Fitzgerald", setzte Diane in etwas förmlicherem Tonfall an, „ist es eigentlich Zufall, dass Ihr Nachname identisch mit dem zweiten Vornamen von John F. Kennedy ist?"

Kenneth hätte dieselbe Formulierung verwenden können, die er immer vorbrachte, wenn ihm diese Frage gestellt wurde, aber er variierte ein wenig und kam sich dabei fast wie ein Medienfuchs vor:

„Zufall insofern, als wir beide irischer Abstammung sind."

„Also kein Zufall", hakte Diane nach.

„Ich kann jedenfalls nichts dafür."

„Fühlen Sie sich JFK verbunden?"

„Wegen des Namens? Nein, nein." Er lachte. *Was für eine alberne Frage!*

„Aber ich fühle mich natürlich über die Dokumente mit ihm verbunden", fügte er hinzu. „Über eine gewisse Strecke meines Lebens hinweg durfte ich sie betreuen und darf es noch, und das ist nicht nur eine verantwortungsvolle

Aufgabe, sondern verbindet auch mit den Vorgängen."

„Mit den Vorgängen? Sie meinen das Attentat?"

„Nein, die Dokumente. Jedes einzelne Dokument ist bei uns hier im Nationalarchiv ein Vorgang, genau genommen, und wenn man all diese Vorgänge über viele Jahre hinweg betreut, so wie mir dies beschieden war, dann verbindet das natürlich irgendwie mit dem Vorgang insgesamt."

Kenneth redete sich warm, fand er.

Diane musterte ihn mit forschenden Blicken.

„Nun hängen all diese Vorgänge an einem menschlichen Schicksal", fuhr sie fort, „nämlich dem des 35. US-Präsidenten John F. Kennedy, der in Dallas erschossen wurde. Ist dieses Schicksal für Sie ebenfalls ein ... Vorgang?"

„Das muss man nüchtern sehen, Diane. Das Attentat ist Geschichte. Daran lässt sich nichts mehr ändern. Jedes geschichtliche Ereignis hat zahllose Vorgänge ausgelöst. Ich betreue eben die Vorgänge im Hintergrund des Attentats auf Präsident Kennedy. Das ist eigentlich alles, was ich hier mache."

„Ein verantwortungsvoller Posten."

„Gewiss", antwortete er und wurde misstrauisch. Ein Kompliment? Wollte sie ihn einlullen, um ihn später aufs Glatteis zu führen und doch noch etwas über die JFK-Akten herauszufinden?

„Nach meinen Recherchen sind Sie Geheimnisträger der Stufe 2.2“, sagte sie. „Bereitet Ihr Wissen Ihnen gelegentlich unruhige Nächte?“

„Warum sollte es? Meine größte Sorge ist, dass den unersetzlichen Dokumenten hier im Nationalarchiv etwas zustoßen könnte. Aber da alles Erdenkliche für ihre Sicherheit getan ist, schlafe ich in der Regel sehr gut. All diese Vorgänge beziehen sich ja auf Dinge, die vor langer Zeit geschehen sind. Historische Dinge.“

„Haben diese Dinge nichts mit unserer Gegenwart zu tun?“

„Doch, natürlich. Wenn die Geschichte anders verlaufen wäre, dann wäre unsere Gegenwart heute ebenfalls eine andere. Aber die Geschichte ist, wie sie ist. Warum also sollte ich schlecht schlafen?“

„Glauben Sie an die Einzeltätertheorie?“

Kenneth zuckte zusammen.

Sie versucht es also doch?

„Diane, ich darf nicht über Inhalte reden.“

„Darum fragte ich danach, was Sie glauben.“

„Was ich glaube, ist nicht relevant. Ich weiß, was ich weiß.“

Sie lächelte und wirkte zugleich ein wenig ratlos, als wäre ihr Faden gerissen. Ja, sie hatte anscheinend wirklich gehofft, etwas aus ihm heraus zu kitzeln. Er sah sie prüfend an. Wie sonderbar war es doch, dass Diane von dem, was 1963 tatsächlich vorgefallen war, wirklich nicht die geringste Ahnung hatte und auch nicht haben konnte! Für einen Moment fühlte Kenneth sich schuldig, aber dann rief er sich zur Räson. Das war irrational. Er konnte Diane nicht dafür bedauern, dass sie etwas nicht wusste, wenn er selbst mit seiner Arbeit dazu beigetragen hatte, dass sie es nicht erfuhr. Für Kenneth war es normal, diese Dinge zu wissen, für Diane nicht. Er war dafür prädestiniert, weil er in der Lage war, die Vorgänge in wissenschaftlicher Distanz zu halten und sie weitgehend emotionslos zu betrachten, mit der nötigen Haltung. Vorgänge eben. Doch wie mochte es sein, diese Dinge *nicht* zu wissen? Würde er nicht ebenfalls unbedingt wissen wollen, was sich damals wirklich zugetragen hatte?

Natürlich würde ich das!

In diesen Sekunden, während er Dianes schönes Gesicht studierte, entdeckte er ein gewisses Verständnis in sich, ein Verständnis für die Neugier der Menschen auf diese Dinge, deren Kenntnis sie eigentlich nicht verdienten.

Oder hatten Direktor Harrison und Linda Wisniewski vielleicht doch recht?

„Es ist ein sonderbares Gefühl für mich", setzte Diane neu an, „jemandem zu begegnen, der im Detail weiß, was damals wirklich geschehen ist, und …"

„Streichen Sie bitte das Wort ‚wirklich'", unterbrach Kenneth. „Es handelt sich dabei um eine Unterstellung."

„… der weiß, was damals geschehen ist", sagte Diane, „und der trotzdem ganz sachlich von Vorgängen redet."

„Diane, ich weiß nicht, was Sie sich für eine Vorstellung von den Akten machen“, sagte Kenneth. „Es handelt sich um das Material, das der Warren-Kommission vorlag. Das ist Ihnen doch sicher bekannt?“

Diane nickte. Im ersten Moment wirkte sie verblüfft, als sie sich in der Rolle der Befragten wiederfand, doch sie fing sich rasch wieder und setzte nach.

„Wollen Sie damit sagen“, fragte sie, „dass eine Überprüfung des Ergebnisses der Warren-Kommission quasi zwangsläufig die Einzeltätertheorie bestätigen müsste, da sie sich auf dieselbe Aktengrundlage bezieht?“

Kenneth runzelte irritiert die Stirn, ehe er zurückgab:

„Sehen Sie doch bitte davon ab, mir Fangfragen zu stellen!“

„Ein bisschen Glatteis muss sein“, sagte Diane lächelnd. „Kennen Sie die Emmett-Brown-Theorie?“

Kenneth stutzte, setzte sich aufrecht hin, während er sein Gedächtnis durchforstete, und musste schließlich zugeben:

„Ich habe nie davon gehört.“

„Emmett Brown war ein Physiker, der eine Theorie über den Verlauf der Zeit entwickelt hat. Danach funktioniert die Zeit wie der binäre Code. Sie besteht aus einer Serie von unerhört schnell aufeinander folgenden Punkten, an denen Entscheidungen getroffen werden: Null oder eins? Diese Richtung oder jene? Je nachdem, wie diese Entscheidungen fallen, entwickelt sich der Zeitfluss."

„Ich kann folgen", sagte Kenneth, als sie innehielt.

„Der Moment, in dem sich der Finger des Attentäters um den Abzug der Waffe krümmte, mit der JFK erschossen wurde, war ein solcher Moment: Wird geschossen oder nicht?"

„Zweifellos."

„Allerdings war dies ein Moment, der das Potenzial hatte, die ganze Welt zu verändern. Ein Moment, in dem Geschichte kondensiert. Haben Sie sich jemals die Frage nach dem ‚Cui bono' gestellt?"

Kenneth überlegte einen Moment und gab dann zurück:

„Ich weise diese Frage als unzulässig zurück."

„Wem nützt es?", hakte Diane trotzdem nach. „Sie haben sich das nie gefragt?"

„Das ist nicht meine Aufgabe."

„Das ist nicht die richtige Antwort", sagte sie zu seiner Irritation. „Die richtige Antwort lautet: Sie mussten sich diese Frage nicht stellen, weil Sie ja wissen, wer es wirklich gewesen ist. Die Frage, welchen Nutzen derjenige vom Attentat hatte, beantwortet sich dann vermutlich von allein – oder?"

„Sie kennen sich gut in meinem Kopf aus, Miss Arnsworth", versetzte Kenneth und hoffte, dass sie seine Ironie wahrnahm. „Das sind spannende Gedankenspiele. Aber von welchem Nutzen sprechen Sie? Wir reden von historischen Vorgängen, die abgeschlossen sind, auch wenn sie hier und da noch Auswirkungen auf die Gegenwart haben mögen. Aber die Kubakrise liegt lange hinter uns, und selbst der Kalte Krieg ist inzwischen vorbei. Im Großen und Ganzen liegen diese Dinge nun hier im Nationalarchiv und sind schlicht alt. Wollen Sie sagen, dass sich damals jemand bereichert haben soll?“

Diane kniff die Augen zusammen, musterte ihn abwägend und nickte dann.

„Ja, zum Beispiel“, sagte sie. „Wäre möglich. Hat sich denn jemand bereichert?“

Kenneth lächelte nur und antwortete nicht.

„Cui bono“, wiederholte Diane. „Es gab einen ganzen Haufen von Leuten, die vom Tod des Präsidenten profitierten, ideologisch, aber auch materiell. Die Mafia hatte gute Gründe, JFK aus dem Weg zu räumen. Die CIA musste fürchten, die Quittung für ihre Alleingänge zu bekommen, vielleicht sogar aufgelöst zu werden. Die Hardliner im Pentagon konnten nach JFKs Tod ihren Kurs im Kalten Krieg fortsetzen und bekamen den Krieg gegen Vietnam, den sie so sehr wünschten. Daran hat die Rüstungsindustrie unzählige Milliarden Dollar verdient, was ihr mit einem Präsidenten Kennedy wahrscheinlich nicht vergönnt gewesen wäre. Das ganze Netzwerk profitierte von Kennedys Tod, Rüstungsindustrie, Pentagon und Geheimdienste, der ganze militärisch-industrielle Komplex. Hätte Kennedy hingegen die Möglichkeit erhalten, die Politik umzusetzen, die ihm vorschwebte, wäre der Kalte Krieg vielleicht rasch beendet gewesen. Große Teile des Pentagon hätten ebenso ihre Existenzberechtigung verloren wie die CIA, und die Industrie hätte natürlich viel weniger verdient. Also: Wem nützte der Tod des Präsidenten?"

„Ich kenne all diese Theorien", sagte Kenneth.

„Natürlich. Und Sie wissen, wer es wirklich war."

„Ja."

„Unglaublich. Und Sie können damit leben."

„Ja."

Doch dieses Wort kam nicht ganz ohne Stocken über Kenneths Lippen.

Diane schien tatsächlich mit ihrer Fassung zu ringen, aber sie bewahrte Haltung. Vielleicht erging es ihr gerade so wie vorhin umgekehrt ihm, vielleicht fragte sie sich in diesem Moment, wie es war, diese Dinge zu wissen, die sie nicht wusste, aber zu gern wissen wollte? Ja, gewiss fragte sie sich das! Kenneth schalt sich einen Narren. Deswegen führte sie ja das Interview: um auf dieser Grundlage ein Porträt von ihm zu zeichnen, das Porträt eines Mannes, der *es* wusste. Sie versuchte zu erforschen, wie es sich anfühlte, diese Dinge zu wissen. Doch Kenneth konnte ihr nicht helfen. Obwohl er derjenige war, um den es ging, wusste er nicht, wie es sich anfühlte. Normal. Alltäglich, fast banal.

„Sie wissen es und sitzen so ruhig da“, stellte Diane fest.

„Wie sollte ich sonst dasitzen?“, gab er zurück.

„Jedenfalls war es nicht Lee Harvey Oswald“, sagte sie zu seiner Überraschung.

Er kommentierte diese Bemerkung nicht.

Sie blickte auf einen aufgeschlagenen Block in ihrer Rechten, auf dem sie offenbar vor dem Gespräch Fragen aufgezeichnet hatte.

„Mr. Fitzgerald, was sagen Sie zu den Ergebnissen einer aktuellen Umfrage, wonach zwei Drittel aller Amerikanerinnen und Amerikaner nicht daran glauben, dass Präsident Kennedy von einem Einzeltäter umgebracht worden ist?“

„Dazu sage ich, dass es mich wundert, dass solche Umfragen immer noch erhoben werden. Das Attentat liegt mehr als ein halbes Jahrhundert zurück.“

„Und trotzdem bewegt es die Menschen immer noch.“

„Anscheinend, ja.“

„Wie viele Anträge auf Akteneinsicht haben Sie bisher bekommen?“

„Gestern Abend waren es exakt 1279. Inzwischen dürften es mehr sein. Den aktuellen Stand können wir bei Mrs. Kowalski erfragen. Zurzeit kommen täglich etwa 30 neue Anträge herein, Tendenz steigend.“

„Ein deutliches Zeichen dafür, dass die Ermordung des Präsidenten die Menschen immer noch bewegt, nicht wahr?“

Kenneth zuckte die Schultern.

„In erster Linie ein deutliches Zeichen dafür, dass viele Medien auf eine Schlagzeile hoffen“, versetzte er.

„Gute Schlagzeilen erregen das Interesse der Menschen“, gab Diane schlagfertig zurück.

„Das Interesse der Menschen lässt sich manipulieren.“

„Das glaube ich auch“, sagte sie zu seinem Erstaunen. „Kriegspropaganda wäre ein Beispiel dafür. In anderen Fällen liegt die Manipulation vielleicht nicht unbedingt auf der Hand. Zum Beispiel in Fällen, in denen die Medien offenbar gezielt von gewissen Akten ferngehalten werden sollen.“

Er blinzelte irritiert wegen der unerwarteten Wendung des Gesprächs.

„Ich habe gehört, dass Sie die Akten zunächst ausschließlich wissenschaftlich aufarbeiten lassen wollen“, fuhr sie fort.

Linda!

Jetzt wusste er, woher der Wind wehte! Daher also hatte Linda dieses Interview genehmigt: um ihn weich zu kochen, damit er die Medien ins Boot holte. Er musste wohl mal ein klares Wort mit der Pressechefin reden.

„Ich bin der Auffassung, dass die Aufarbeitung der Vorgänge mit Vorsicht und Gründlichkeit zu erfolgen hat“, versetzte er trocken und fühlte sich für Momente versucht, ein Wort über den Auftrag des Präsidenten einzustreuen. Doch das Gespräch mit ihm war vertraulich gewesen.

„Daher wähle ich die Fachleute, die an die Dokumente herangelassen werden, gewissenhaft aus."

„Um den Schock zu mildern?", setzte Diane nach.

„Ich lehne die Beantwortung dieser Frage ab", sagte Kenneth ohne langes Überlegen.

„Finden Sie, dass die vielen Anträge auf Akteneinsicht unberechtigt sind?"

„Nein, gewiss nicht", sagte Kenneth entgegen seiner persönlichen Auffassung. „Sie verursachen allerdings eine Menge Arbeit und auch Aufsehen."

„Aufsehen, dass Sie nicht gewohnt sind?"

„Wir sind hier das Nationalarchiv, Diane! Natürlich sind wir schon immer ein Gegenstand des öffentlichen Interesses gewesen."

„Das Archiv, ja. Aber Sie? Könnte es sein, dass Sie sich in einer ungewohnten Situation befinden – in ihrer Funktion als Gewissen der USA?"

„Ich? Gewissen der USA?"

„Weil sie alles über JFK wissen."

„Ich weiß nicht, ob das eine Funktion ist …"

„Sie haben vorhin angedeutet, dass Sie an eine Verschwörungstheorie glauben", hob Diane erneut an, doch da fuhr Kenneth auf:

„Moment! Das habe ich nicht …"

„Sie haben gesagt, dass Medien Menschen manipulieren können, und Sie haben angedeutet, dass dies bei den JFK-Akten Ihrer Meinung nach der Fall ist. Der Begriff Verschwörungstheorie ist in diesem Zusammenhang vielleicht ein bisschen provozierend, aber Sie werden doch sicher zustimmen, dass zum Vorwurf der Manipulation auch zwingend eine Macht gehört, die manipulieren will, oder?“

„Ich verstehe, worauf Sie hinaus wollen.“ Kenneth wünschte, dass dieses Gespräch endlich zu Ende wäre. Er war es nicht gewohnt, sich so lange mit anderen Menschen auseinanderzusetzen, die ihm derart anstrengende und kritische Fragen stellten. Doch er riss sich zusammen und fuhr fort: „Nein, ich glaube nicht, dass die Medien im Fall der JFK-Akten gelenkt werden. Vermutlich passiert es irgendwie unbewusst. Immerhin ist Präsident Kennedy ein nationaler Mythos. Wenn ich darüber nachdenke, kann ich das allgemeine Interesse sogar verstehen, mit ein wenig Mühe.“

„Es ist wohl unbequem für ein Gewissen, wenn plötzlich alle nach ihm fragen?“

Kenneth lachte angestrengt.

„Ich bin nur ein Archivar.“

„Ich möchte trotzdem noch ein bisschen an unserem Gewissen kratzen. Der Begriff Verschwörungstheorie wurde seinerzeit auch von der Regierung eingesetzt, um die Kritik am Warren-Report zu diskreditieren. Die Zweifel an der Einzeltätertheorie, wonach Lee Harvey Oswald den Präsidenten allein umgebracht haben soll, konnten trotzdem nicht aus der Welt geschafft werden. Weiterhin halten es viele Amerikanerinnen und Amerikaner für wahrscheinlich, dass es eine Verschwörung gegeben hat mit dem Ziel, den Präsidenten zu ermorden, und dass Oswald als Sündenbock diente. Was halten Sie von diesen Verschwörungstheorien?“

„Ich kenne sie.“

„Aber was halten Sie von ihnen?“

„Es ist nicht meine Aufgabe, etwas von ihnen zu halten. Ich kenne die JFK-Akten und ich weiß, was darin steht. Alles andere ist nicht relevant.“

„Sie tragen dieses Wissen tagein tagaus mit sich herum, ohne dass es etwas mit Ihnen macht?“

„Was sollte es denn mit mir machen?“

„Es könnte Sie zum Beispiel deformieren.“

Kenneth lachte auf.

„Ich weiß, ich sehe deformiert aus.“ Er lachte erneut. „Sehr hübsch, ja.“

„Es könnte aber auch dazu führen, dass Sie Angst haben“, fuhr Diane unbeeindruckt fort.

„Wovor?“

„Wenn es damals eine Verschwörung gegeben hat, könnten bestimmte Gruppen bis heute ein Interesse daran haben zu verhindern, dass die Wahrheit über das Attentat an die Öffentlichkeit kommt.“

„Welche Gruppen?“

Diane zuckte die Schultern.

„Sagen Sie es mir“, versetzte sie. „Sie sind hier derjenige, der die Akten kennt.“

Kenneth kniff die Lippen zusammen.

„Wussten Sie", fuhr Diane fort, „dass bestimmte Lobbyisten beim Präsidenten waren und versucht haben, ihn dazu zu bewegen, die Sperrfrist zu verlängern?"

Kenneth erstarrte.

„Wer?", hauchte er.

„Interessenvertreter der Rüstungsindustrie", gab sie zurück. „Leute vom militärisch-industriellen Komplex. Zum Beispiel vom Rüstungskonzern *United Steel & Weapons*. Und auch Sie haben nach meinen Recherchen versucht, den Präsidenten umzustimmen."

„Meine Güte", entfuhr es ihm, „woher wissen Sie das alles?"

„Gute Journalisten brauchen gute Quellen", erwiderte sie ein bisschen eitel. „Was hat der Präsident Ihnen geantwortet?"

„Schalten Sie die Aufzeichnung ab!"

Diane tat ihm den Gefallen.

„Er hat geantwortet, dass er die Sperrfrist nicht zu verlängern gedenkt", sagte Kenneth.

„Dasselbe hat er auch den Lobbyisten gesagt, den Leuten vom Komplex."

„Woher wissen Sie das?", fragte er noch einmal.

„Das ist unerheblich. Viel interessanter ist: Warum setzt sich ein Rüstungskonzern wie *United Steel & Weapons* dafür ein, dass die JFK-Akten unter Verschluss bleiben? In aller Heimlichkeit natürlich?"

Kenneth kniff erneut die Lippen zusammen.

„Ich sehe, jetzt sind wir beim Eingemachten", stellte Diane fest. „Sie wussten offenbar nicht, dass der Komplex Front beim Präsidenten macht."

„In der Tat, das ist mir neu."

„Haben Sie eine Erklärung für diese Einmischung?"

„Nur die, die Sie schon angedeutet haben", antwortete Kenneth und biss sich sofort auf die Lippe. Hatte er damit nun doch etwas Inhaltliches über die Akten gesagt, wenn auch nur indirekt? Zum Glück lief das Aufzeichnungsgerät nicht mit. Er konnte also später alles abstreiten, falls es Probleme geben sollte.

„Sie wirken unruhig", stellte sie fest.

„Der Eindruck täuscht."

Kenneth war wirklich unruhig, aber das hatte verschiedene Gründe. Dass er sich in Dianes Nähe zunehmend unbehaglich fühlte, war nur einer davon.

„Warum haben diese Leute auch heute noch, mehr als fünfzig Jahre nach dem Attentat, anscheinend ein großes Interesse daran, dass die Inhalte der JFK-Akten geheim bleiben?", fragte Diane.

Kenneth war zum Heulen zumute. Er antwortete nicht.

„Wenn die Öffentlichkeit Zugriff auf die JFK-Akten bekommt", fuhr Diane fort, „entgleitet diesen Leuten die Kontrolle über das geheime Wissen. Das scheinen sie nicht gerade amüsant zu finden. Sonst würden sie nicht versuchen, Einfluss zu nehmen."

„Obwohl es so lange her ist!", entfuhr es Kenneth.

„Haben Sie sich schon einmal Gedanken darüber gemacht, dass Ihnen etwas zustoßen könnte?"

Kenneth verschluckte sich fast.

„Mir?", wiederholte er. „Warum?"

„Ist das nicht offensichtlich? Weil Sie die JFK-Akten kennen. Es wurden schon Menschen für weniger umgebracht."

Kenneth schwieg ein paar Sekunden und dachte nach. Ihm lagen eine Menge Fragen auf der Zunge, aber jede einzelne von ihnen hätte Diane etwas über sein Wissen verraten. Darum entschied er sich geistesgegenwärtig dafür, Diane gegenüber etwas zu fahren, was Linda Wisniewski wohl als „offizielle Linie" bezeichnet hätte:

„Ich betreue die JFK-Akten seit nunmehr fast zwanzig Jahren. In dieser langen Zeit ist mir nichts Lebensbedrohliches zugestoßen. Das wird sich jetzt nicht plötzlich ändern."

Doch er wusste, dass er Diane nicht täuschen konnte.

Ihr war nicht entgangen, dass ihr Vorstoß ihn in Aufruhr versetzt hatte.

Der Zeitpunkt war gekommen, das Gespräch zu beenden. Kenneth erhob sich. Diane tat es ihm gleich.

„Ich hätte noch viele Fragen", sagte sie.

„Mein Bedarf ist gedeckt", gab er zurück und ärgerte sich sogleich über sich selbst, weil er ihr damit trotz allem mehr über sich verraten hatte als geplant.

„Das sehe ich. Dürfte ich noch ein paar Fotos von Ihnen machen? Das offizielle Bildmaterial, das mir zur Verfügung gestellt wurde, ist ziemlich spröde."

Kenneth war alles andere als begeistert.

„Tut mir leid, aber …"

„Linda hat mir zugesagt, dass es möglich sein wird zu fotografieren. Vielleicht sollten wir sie hinzuziehen?"

„Ich halte das für keine gute Idee", sagte er, aber Diane war schon zur Tür des Büros gegangen und sah hinaus, um Phoebe zu bitten, die Pressechefin zu holen. Linda saß jedoch bereits wartend im Vorzimmer und wirkte auf den ersten Blick ziemlich angespannt. Sie musterte Kenneth kritisch, doch als sie sah, dass Diane lächelte, folgerte sie, dass der Termin nicht so katastrophal verlaufen war, wie sie ihrem Gerede am Fahrstuhl zum Trotz wohl befürchtet hatte. Sie erhob sich erleichtert und sagte:

„Ich dachte mir, dass Sie vielleicht noch ein paar Fotos machen wollen? Ich helfe gern."

Linda, der Medienprofi! Sie hatte mitgedacht. Vor drei Jahren war sie angetreten, um das angestaubte Image des Archivs auf Vorderfrau zu bringen. Dabei ging sie durchaus energisch vor. Kenneth ergab sich also seufzend in sein Schicksal, zumal Linda vor Ideen nur so sprudelte, wie Kenneth „interessant“ in Szene gesetzt werden konnte.

„Die Bilder sind für mein Blog“, sagte Diane. „Es hat täglich etwa 500.000 Leser. Falls *Time* meinen Artikel nimmt, wird noch mal ein Fotograf vorbeischauen.“

Kenneth war es längst egal. Wenn diese Frauen unbedingt neue Bilder von ihm machen wollten, obwohl es wesentlich bessere ältere gab, dann blieb ihm wohl nichts anderes übrig, als sich zu fügen und die Veränderung hinzunehmen. Da er wusste, dass er nicht fotogen war, gab er sich von vornherein keine Mühe, gut auszusehen.

Erstaunlicherweise kamen dabei einige Bilder heraus, auf denen er bemerkenswert lässig wirkte. Insbesondere die Bilder, auf denen er mit Phoebe und seinem zweiten Mitarbeiter Russell Miller zusammen zu sehen war, gefielen ihm durchaus, und er bat Diane um Kopien davon. Die Journalistin gab ihm ihre Visitenkarte.

„Falls Sie Fragen haben. Bei Interesse rufen Sie mich einfach an. Und wegen unseres Gesprächs machen Sie sich bitte keine Sorgen. Betrachten Sie es als informell, als Hintergrundgespräch. Meinen Entwurf Ihres Porträts muss ich sowieso überarbeiten.“

„Sie haben bereits einen Entwurf?“

„Ich habe mir auf der Basis meiner Recherchen ein Bild von Ihnen gemacht, und so entstand ein Entwurf. Aber er stimmt nicht. Ich hatte Sie anders vor Augen. Sie sind auf eine gewisse Weise sehr … stringent."

„Vielen Dank."

„Das muss nicht unbedingt ein Kompliment sein", gab Diane zurück, lachte und fügte hinzu: „Kann es aber."

Kenneth nahm die Visitenkarte und begleitete Diane und Linda hinaus. Zum Abschied schüttelten sie die Hände.

„Ach, noch etwas", sagte Diane, als sei es ihr soeben eingefallen. „Den Physiker Emmett Brown gibt es nur im Kino, in den Filmen der Trilogie ‚Zurück in die Zukunft'. Das wollte ich gern noch loswerden."

„Ein bisschen Glatteis muss sein, wie?", gab Kenneth mit dem letzten Rest von Schlagfertigkeit zurück, zu dem er nach diesem langen Gespräch noch fähig war.

Diane winkte und folgte Linda dann hinaus auf den Korridor.

„Ich brauche zehn Minuten Pause", sagte Kenneth zu Phoebe, während er den beiden Frauen hinterher blickte.

Seine Büroleiterin nickte nur.

Er ging in sein Büro zurück, schloss die Tür hinter sich und holte eine Flasche schottischen Single Malt aus dem Schrank, der als Versteck diente, dazu ein Glas, das er zur Hälfte füllte und dann in wenigen Schlucken austrank.

Fast augenblicklich schwand seine innere Unruhe.

Endlich Frühstück!

Oh mein Gewissen.

***

Normalerweise genoss er diesen Moment, wenn sich die wohlige Wärme im Bauch ausbreitete, morgens, wenn der erste Schluck noch brannte. Aber heute kam er sich vor wie ein echter Süchtiger, der zur Droge griff, weil er Linderung nach Anspannung brauchte. Vermutlich war er das auch. Er dachte darüber normalerweise nicht nach. Seit dem Tod seiner Frau hatte niemand mehr versucht, ihn zu kontrollieren. Also hatte sich Kenneth selbst ein striktes Regelwerk gegeben, um zu vermeiden, dass es zu Problemen kam. Zum Beispiel hatte er es sich zur Angewohnheit gemacht, den ersten Schluck erst nach seiner Ankunft im Büro zu nehmen, nachdem er allen Menschen begegnet war, denen er auf dem Weg zur Arbeit nicht ausweichen konnte. Heute war Diane Arnsworth dazwischengekommen, so dass der Morgentrunk hatte warten müssen. Das war einer der Gründe für seine Unruhe während des Gesprächs gewesen.

Wenn er die Tür zu seinem Büro geschlossen hatte, war er in seinem Reich. Hier störte ihn normalerweise niemand, jedenfalls nicht ohne Anmeldung bei Phoebe. Aber was war schon normal in diesen Zeiten? Oh ja, die einzigartigen, die weltwichtigen, die alles umstürzenden

JFK-Akten! Hier waren sie eingelagert! Jeden Moment konnte die Pressechefin ihren Kopf hereinstrecken. Kenneth stellte Flasche und Glas daher rasch wieder zurück ins Versteck, nachdem er ausgetrunken hatte.

Er war verstört und aufgewühlt. Nicht dass er sonderlich an seinem Leben hing, nein, in gewissen stillen, traurigen, einsamen Momenten hatte er selbst schon darüber nachgedacht, wie er ihm von eigener Hand ein Ende setzen konnte. Doch er wäre niemals auf die Idee gekommen, dass jemand einen Grund haben könnte, ihn umzubringen. Der Gedanke jagte ihm kalte Schauer den Rücken hinab. War das Wissen, das er mit sich trug, wirklich auch nach 53 Jahren noch so explosiv, dass man ihn deswegen ermorden könnte?

Es stimmte, was Diane gesagt hatte: Das Attentat war nicht von einem Einzeltäter begangen worden, auch wenn alle Welt dies glauben sollte. Lee Harvey Oswald war tatsächlich nur ein Sündenbock gewesen. Die Indizienkette, die zu seiner Verhaftung geführt hatte, war so löchrig, dass sie niemals zu einer Verurteilung vor einem Gericht gereicht hätte. Nicht ohne Grund war Oswald zwei Tage nach dem Attentat aus dem Weg geräumt worden.

Kenneth wusste das alles und noch mehr. Und doch wäre er nie auf die Idee gekommen, dass es etwas mit ihm zu tun haben könnte, ganz persönlich, auf jene drastische Art und Weise, die Diane ihm mehr als nur angedeutet hatte.

Wenn Sonden von *United Steel & Weapons* beim Präsidenten vorgefühlt hatten, um eine Verlängerung der Sperrfirst zu erwirken, dann war die Geschichte wohl wirklich nicht abgeschlossen, dann waren die Dokumente, die Kenneth betreute, nicht einfach alt und höchstens noch für Historiker von Interesse. Dann konnte es sein, dass er wirklich in Gefahr war. Und die Dokumente obendrein.

Er hatte also dieselben Interessen vertreten, die auch die Rüstungsindustrie bewegten, als er zum Präsidenten gegangen war? Sonderbarer Gedanke! Er sah die Rüstungsindustrie kritisch, in der Tradition von Präsident Dwight Eisenhower, der schon 1961 vor dem militärisch-industriellen Komplex gewarnt hatte, und er wusste aus den JFK-Akten, dass diese Warnungen durchaus berechtigt waren. *United Steel & Weapons* – der Name tauchte in den Akten auf, wenn auch nicht direkt im Material der Warren-Kommission, sondern in historischen Akten, die dem JFK-Archiv im Laufe der Zeit von aufmerksamen Archivaren hinzugefügt worden waren. Sie unterlagen derselben Geheimhaltungsstufe und ermöglichten diverse Rückschlüsse.

Kenneth hatte schon von Berufs wegen Vorbehalte gegen Militärs und die, die sie belieferten. Die Profession von Militärs bestand darin, Menschen zu töten und Dinge zu zerstören. Letzteres taten sie bevorzugt mit Bomben und Granaten, also im Prinzip mit Feuer. Nichts schadete historischen Dokumenten, die auf Papier gedruckt oder geschrieben waren, mehr als Feuer. Nichts fürchteten Archivare mehr als Feuer.

Kenneth sah aus dem Fenster. Es regnete immer noch, und nur mit viel Fantasie ließ sich jenseits der Baumwipfel der Golfplatz der Universität von Maryland erahnen, über den bei schönem Wetter kleine Gruppen von Spielern hinweg zu ziehen pflegten, bunte Farbtupfer auf gepflegtem Grün. Der Ausblick beruhigte ihn dennoch, obwohl kaum etwas zu erkennen war. Aber wurden Entscheidungen wie die, ihn zu ermorden, nicht gern in genau solchen Gruppen von Golfspielern auf genau solchen Golfplätzen getroffen, wo das nächste lauschende Ohr weit genug entfernt war?

Falls es eine solche Entscheidung gibt!

Kenneth schüttelte den Kopf. Er würde jetzt auf der Stelle aufhören, sich Unsinn einzureden. Er war ein unbescholtener, gesetzestreuer US-Bürger, der seinem Land ein Leben lang aufrichtig gedient hatte! Niemand hatte Grund, ihn umzubringen, auch nicht wegen der JFK-Akten. Diese Journalistin hatte ihn ganz schön durcheinandergebracht. Sonst hätte er den logischen Fehler in ihrer Argumentation viel früher entdeckt: Sein Tod hätte nur dann einen Sinn, wenn zugleich die JFK-Akten vernichtet würden. Nur dann wäre das geheime Wissen endgültig aus der Welt. Aber das eine zu tun und das andere zu lassen, das ergab keinen Sinn. Und da die

Akten hier im NARA-Archiv in bester Sicherheit waren, konnte er auf der Stelle aufhören, sich Gedanken zu machen.

Der Gebäudekomplex war 1994 in Dienst gestellt worden, nachdem der Hauptsitz des Nationalarchivs in Washington nicht mehr ausgereicht hatte. „Archiv 2", wie die Gebäude in College Park auch genannt wurden, war, was Sicherheitstechnik betraf, auf dem neuesten Stand der Technik. Die sensiblen Bereiche, in denen unter anderem die JFK-Akten hinter Panzertüren lagerten, waren mit lasergesteuerten Sensoren gesichert. Wer den JFK-Trakt betreten wollte, musste sich per Scan seines Fingerabdrucks ausweisen. Die Zahl der autorisierten Personen betrug kaum ein Dutzend. Die meisten dieser Männer – es handelte sich ausschließlich um Männer – hatten das NARA-Gebäude hier in College Park jedoch nie von innen gesehen, Männer wie der Verteidigungsminister, der Vizepräsident, der CIA-Chef. Nur der Präsident selbst war einmal zu Besuch gewesen und hatte sich durch den Sicherheitstrakt führen lassen. Vom Personal des Archivs hatten nur zwei Menschen Zugangsberechtigung zum JFK-Trakt: Direktor Harrison und Kenneth. Selbst vor Raketenbeschuss waren die Akten dort unten so gut wie sicher hinter ihren meterdicken Mauern aus Stahlbeton.

Im Grunde ließen sich die JFK-Akten nur auf eine einzige Weise aus der Welt schaffen, und die war es auch, die Kenneth durchaus hin und wieder unruhige Nächte bereitete, auch wenn er der Journalistin etwas anderes erzählt hatte: durch einen Brand. Natürlich waren alle erdenklichen Sicherheitsmaßnahmen getroffen worden, um das zu verhindern: Der JFK-Trakt war mit einer gewaltigen Vakuumpumpe ausgestattet, die im Fall eines Brandes innerhalb weniger Minuten die Luft aus dem abgeriegelten Bereich absaugen würde, um das Feuer zu ersticken. Ein effektiverer Feuerschutz war nicht denkbar. Trotzdem hatte die Technik bereits versagt – wenn auch nur in Kenneths Angstträumen.

Kenneth ging noch einmal zu seinem Schrank und schenkte sich rasch, mit nervösen Blicken zur Tür, einen zweiten Drink ein, den er hastig kippte. Er wünschte, er hätte sich nie mit dieser Journalistin getroffen.

Nachdem er alles wieder verstaut hatte, kehrte er an seinen Schreibtisch zurück, nahm Dianes Visitenkarte und warf sie in den Papierkorb. Dann steckte er sich einen Pfefferminzbonbon in dem Mund, lutschte einige Sekunden darauf herum, bis der Whiskyfahne, wie er hoffte, der Garaus gemacht war, und ging hinaus ins Vorzimmer zu Phoebe Kowalski.

Phoebe telefonierte gerade und wirkte nicht sonderlich entzückt.

Kenneth hatte gelernt, die Stimmungen seiner Bürovorsteherin zu respektieren, denn Phoebe konnte durchaus unangenehm werden, auch ihm gegenüber. Also setzte er sich vor ihren Schreibtisch und lutschte seinen Bonbon, bis Phoebe auflegte. Bevor er ein Wort sagen konnte, begann sie zu schimpfen.

„Diese Journalisten! Man sollte doch eigentlich glauben, dass die wissen, was Recherchieren ist. Wozu haben wir extra ein Anmeldeformular für die JFK-Akten auf unserer Webseite? Runterladen, ausfüllen, scannen und mailen – fertig. Aber dieser Null hier musste ich gerade haarklein den Weg erklären, klick hier, klick da."

„Ich weiß", unterbrach Kenneth, „ich habe zugehört."

„Bin ich ein Callcenter?", herrschte Phoebe ihn an, als wäre er verantwortlich für den ganzen Aufruhr, bemerkte ihren Fehltritt und fügte leise hinzu: „Sorry."

„Schon gut."

„Interview verdaut?"

Sie hatte eine Art zu fragen, die ihn manchmal vor Probleme stellte, auch nach fünfzehn Jahren der Zusammenarbeit noch.

„Nein", antwortete er. Er hatte sich angewöhnt, möglichst direkt zu reagieren, denn Phoebe mochte die direkte Ansage.

„Sie war wohl zu hübsch?"

„Sie ist wirklich hübsch. Das ist mir nicht entgangen, auch wenn Sie vielleicht nicht glauben, dass ich ein Auge für solche Dinge habe."

„Ich habe sehr genau gesehen, was Sie für Augen für *solche Dinge* haben", erwiderte Phoebe glucksend mit leicht schlüpfriger Betonung. „Sie ist wirklich sehr süß. Ach, wenn ich doch ein wenig jünger wäre …“

Kenneth hatte sich längst damit arrangiert, dass in seinem Vorzimmer eine LGBT-Vorkämpferin saß, was in Phoebes Fall bedeutete, dass sie eine Lesben-Aktivistin war, die, wenn sie nicht gerade Kenneths Büro organisierte, gegen die Unterdrückung sexueller Minderheiten kämpfte. Für Kenneth war das alles eine Nummer zu hoch. Für ihn gab es nur eine sexuelle Minderheit: ihn selbst. Und die war relativ genügsam, fühlte sich nach allem, was er über sie wusste, nicht unterdrückt und stellte kaum Forderungen, so dass es ihm, abgesehen von wenigen schwachen Momenten im Lauf seines Lebens, bisher leicht gefallen war, sie zu übersehen.

„Phoebe, bitte leihen Sie mir Ihr Ohr“, sagte er würdevoll.

„Aber gerne doch.“

„Ist neuerdings irgendetwas in Sachen Brandschutz im Sicherheitstrakt verändert worden?“

„Wie bitte?“

Kenneth wiederholte seine Frage und fügte hinzu:

„Im JFK-Trakt.“

„Nicht dass ich wüsste“, antwortete Phoebe. „Soll ich mal nachfragen?“

Kenneth überlegte kurz und antwortete:

„Nein, aber vielleicht haben Sie für mich künftig ein Auge darauf, wenn irgendetwas angekündigt wird, was mit dem JFK-Trakt zu tun hat? Übungen, technische Arbeiten und so weiter. Ich möchte das unbedingt wissen, und zwar alles, was in diesem Zusammenhang anfällt."

„Hat das was mit der hübschen Diane zu tun?"

„Wer weiß?"

„Dann passe ich natürlich auf."

„Ich muss auch noch mal mit Linda sprechen. Wir sollten über unsere Pressearbeit nachdenken."

„Sie haben sowieso heute noch ein Meeting mit Linda, um 14 Uhr. Soll es vorher sein?"

„Nein, das Meeting passt. Hatte nicht mehr dran gedacht."

Er lehnte sich zurück, atmete durch und tat etwas, was er noch nie getan hatte: Er fragte seine Büroleiterin nach einer persönlichen Einschätzung.

„Was halten Sie von Linda?"

„Ehrlich?"

„Natürlich ehrlich!"

„Sie ist die beste Pressechefin, die wir je hatten. Männer sind mitgemeint. Sie leistet hervorragende Arbeit für das Archiv, auch wenn nicht jeder das so sehen möchte." Phoebe legte den Kopf ein wenig schief und fragte: „Was ist los mit Ihnen?"

„Es ist alles in Ordnung", sagte Kenneth, doch in Wirklichkeit war ihm unwohl. Der Gedanke bereitete ihm Kopfschmerzen, dass er Linda seinen Richtungswechsel irgendwie erklären musste. Wenn er ihr nämlich jetzt vorschlug, nun doch die Medien gleich zu Anfang an die JFK-Akten zu lassen, würde sie ihn zumindest schräg ansehen. Vielleicht würde sie es nicht sagen, aber sie würde sich wundern: Warum lenkte er ein? Sollte Lindas Schachzug, ihm Diane zum Interview zu schicken, etwa Früchte tragen? Diesen Triumph wollte Kenneth ihr eigentlich nicht gönnen. Aber wie er immer sagte: Wenn es gute Argumente gab, war er durchaus bereit und in der Lage, eine Position zu überdenken. In Sachen JFK-Akten waren die Dinge plötzlich komplizierter geworden. Er konnte es Linda natürlich nicht erzählen, da sie nicht die nötige Freigabestufe hatte, aber wenn die Veröffentlichung der Akten schnell über die Bühne ging, gab es keinen Grund mehr, warum ihm jemand nach dem Leben trachten sollte.

Und noch etwas fiel ihm ein.

„Gibt es eigentlich Neues in Sachen Personal?"

Phoebe schüttelte den Kopf.

Die hohe Freigabestufe wurde allmählich zum Problem. Kenneth brauchte dringend personelle Verstärkung, wenn er neben allem anderen, was derzeit auf ihn einprasselte, auch noch die Digitalisierung der JFK-Akten über die Bühne bringen sollte. Selbst wenn die Akten hier im Archiv so sicher wie nur irgend möglich waren – sie waren Unikate! Es gab sie nur ein einziges Mal auf diesem Planeten. Zu ihrem eigenen Schutz durfte die Digitalisierung jetzt nicht länger verzögert werden.

„Besorgen Sie mir einen Termin bei Direktor Harrison“, sagte Kenneth. „Möglichst bald, spätestens morgen.“

„Diese kleine Journalistin hat Ihnen ja mächtig Zunder gemacht“, kommentierte Phoebe, während sie zum Hörer griff.

Kenneth ging nicht auf diese Bemerkung ein, obwohl sie ihn ärgerte. Er hasste es, wenn Phoebe recht hatte. Er kehrte in sein Büro zurück, schloss die Tür, trat an seinen Schrank und genehmigte sich hastig einen Drink außer der Reihe.

„Was für ein Schlamassel“, brummte er.

Dann holte er Dianes Visitenkarte aus dem Papierkorb und legte sie in eine Schublade.

Ausgerechnet heute, am Tag der Entdeckung Amerikas, musste Kenneth solche sonderbaren Seiten an Amerika entdecken. Der Dreck von damals zeigte immer noch Wirkung.

Ich hätte es wissen können.

26. November 2016

Um Kenneths Abteilung zu verstärken, hätte der Direktor rein rechtlich Mitarbeiter aus anderen Einrichtungen der NARA anfordern können, auch gegen deren Willen. Doch Harrison zögerte. Angeblich hatte er beim Direktionsmeeting in Washington die Dringlichkeit von Kenneths Anliegen vertreten, doch die Direktoren der anderen Einrichtungen, darunter die der verschiedenen Präsidentenbibliotheken im ganzen Land hatten ihm nicht folgen wollen. Sie hatten alle mit personellen Engpässen zu kämpfen, und natürlich waren gerade jene Kräfte, die für den Umgang mit den JFK-Akten qualifiziert waren, auch bei den anderen Einrichtungen begehrt. Doch Harrison war nicht der erste Direktor, dem Kenneth jederzeit Rückgratlosigkeit bescheinigt hätte.

Eine Mail von Diane Arnsworth, die ihn zunächst verstörte, gab ihm den entscheidenden Anstoß, die Sache selbst in die Hand zu nehmen.

„Lieber Kenneth“, schrieb sie in einem fast vertraulichen Ton, der ihm sofort ihre Wangengrübchen in Erinnerung rief, „ich habe Ihr Porträt verschoben. Aber die Geschichte ist auch zu Beginn des kommenden Jahres noch interessant genug für *Time*. Ich möchte Sie nicht in Gefahr bringen. Mir ist bewusst geworden, dass ich Sie in Gefahr bringen könnte, wenn ich zum jetzigen Zeitpunkt etwas über Sie schreibe. Das würde jene Leute, die Veröffentlichungen über JFK zu verhindern versuchen, auf Sie aufmerksam machen. Bisher scheinen Sie nicht auf deren Radar zu sein. Ihre Unauffälligkeit ist vermutlich ein guter Schutz. Ich danke trotzdem für das angenehme Gespräch. Falls Sie es fortsetzen wollen: Ich tausche gern Informationen über diese Leute gegen Informationen über das, was in den JFK-Akten steht. Denken Sie an mich! Herzliche Grüße, Diane."

So jung und so durchtrieben!

Die Mail war verschlüsselt gewesen, Kenneth hatte die Kollegen von der IT-Abteilung einschalten müssen.

Natürlich dachte er an Diane. Schon lange hatte er nicht mehr an eine Frau so gedacht wie an sie. Aber vor allem dachte er an die JFK-Akten. Das Gefühl, dass sie in Gefahr waren, hatte sich zwar bisher nicht bestätigt, doch Kenneth misstraute dem Frieden. Dazu trug auch das Verhalten des Direktors bei. Harrison hätte angesichts der Bedeutung der JFK-Akten Himmel und Hölle in Bewegung setzen müssen, damit die Digitalisierung endlich in Angriff genommen wurde. Stattdessen schien sein Interesse daran zu schwinden, je mehr Kenneth insistierte. Er wollte mit den JFK-Akten erkennbar nichts zu tun haben. Hatte er Angst, Dinge zu erfahren, die ihn zum Mitwisser machten und damit in Gefahr brachten? Wusste er von dem Wunsch der Rüstungslobbyisten, die Veröffentlichung der Akten zu verhindern? Hatte er womöglich gar den Auftrag, Kenneths Arbeit zu behindern?

Doch nun kümmerte Kenneth sich selbst um die Angelegenheit. Das bedeutete viele Überstunden, die ihm niemals bezahlt werden würden, aber für die JFK-Akten war er bereit, dieses Opfer zu bringen, zumal zu Hause niemand auf ihn wartete. Er setzte also beim Direktor durch, dass der Hochleistungsscanner, den er für seine Aktion brauchte, endlich repariert und anschließend im Vorraum zum Sicherheitstrakt installiert wurde. Harrison machte keinerlei Schwierigkeiten, sondern fragte lediglich mit Unschuldsmiene, als interessiere ihn das alles nicht:

„Was haben Sie vor? Wollen Sie es selbst machen?“

„Irgendjemand muss es ja tun.“

Harrison schien zufrieden mit dieser Lösung.

Der Scanner konnte angeblich bis zu 200 Dokumente pro Minute bis hin zum Format DIN A 3 erfassen. Kenneth hatte eine kleine Modellrechnung angestellt, für die er jedoch vorsichtshalber nur von der Hälfte dieser Leistung ausgegangen war. Das JFK-Material bestand insgesamt aus geschätzt 800.000 Blatt Papier. Etwa die Hälfte davon war als geheim oder streng geheim eingestuft. Wenn Kenneth annahm, dass er täglich fünf Stunden zusätzlich zur gewohnten Arbeit damit verbrachte, die JFK-Akten zu scannen, dann ergab das 22 Arbeits-„Tage“ nur fürs Scannen. Natürlich war ihm klar, dass dies eine höchst ideale Rechnung war. Mit dem Scannen war eine Fülle von Nebentätigkeiten verbunden, die ebenfalls Zeit kosteten. Die Dokumente mussten zum Scanner gebracht und wieder an ihren Platz zurücktransportiert werden. Die Blätter mussten den Ordnern entnommen und hinterher wieder einsortiert werden, ohne dass dabei etwas durcheinander geriet oder beschädigt wurde. Die Seiten der Terminkalender mussten umgeblättert werden, und nicht zuletzt mussten überall und immer wieder Klammern aller Art entfernt werden, um Seiten einzeln scannen zu können. Anschließend mussten die Vorgänge natürlich wieder dem Originalzustand entsprechend gebündelt werden.

Doch auch damit war es noch längst nicht getan. Der Scanner hatte zwar eine eigene Qualitätskontrolle, was erst die hohe Geschwindigkeit ermöglichte, aber das bedeutete nicht, dass er etwa handschriftliche Vermerke so erfasste, dass man sie in der gescannten Version bequem lesen konnte. Kenneth musste also jedes Dokument vor dem Scannen anschauen und daraufhin prüfen, ob es eine Sonderbehandlung brauchte. Das galt auch für Skizzen und Fotografien. Für die meisten Dokumente genügte ein einfacher Graustufenscan, doch jede Umstellung auf Farbscan kostete Zeit. Hinzu kamen die Verzögerungen durch unterschiedliche Formate der Dokumente, mit denen der Scanner in der Praxis eben doch Probleme hatte, und zwar beim Einzug. Doch die vielen Laufzettel, die an den Vorgängen hingen, sowie diverse Zettel mit handschriftlichen Notizen gehörten natürlich dazu.

Und nicht zuletzt musste Kenneth ein Auge auf die Speicherung haben. Phoebe half ihm dabei, das Gerät so einzustellen, dass dieser Teil der Arbeit vollautomatisch lief. Der Scanner speicherte jedes Dokument mit einer laufenden Nummer und dem genauen Zeitpunkt des Scans im Dateinamen in einem internen Speicher. Der hatte eine Größe von 50 Terabyte und war damit groß genug, alle Dokumente aufzunehmen. Nach Kenneths vorsichtiger Schätzung würde das JFK-Material etwa 1,5 Terabyte umfassen. Das bedeutete, dass es gerade noch so auf einer handelsüblichen externen Festplatte vom Format einer leicht überdimensionierten Brieftasche Platz finden würde. Diese Erkenntnis entsetzte ihn – das ganze JFK-Archiv auf zwölf mal acht mal zwei Zentimetern! Andererseits war dies ein erleichternder Gedanke, denn nach dem Scannen würde es umso einfacher sein, schnell beliebig viele Kopien der Akten anzufertigen und diese ebenfalls auf geringstem Raum zu speichern. Dann würden sie wirklich in Sicherheit sein – und Kenneth mit ihnen.

22 Arbeitseinsätze à fünf Stunden? Mit dieser Rechnung hatte er weit danebengelegen. Anstelle von hundert Dokumenten schaffte er am ersten Abend im Schnitt nur zehn pro Minute. Das Scannen selbst ging schnell, das Drumherum machte die Sache langwierig. Außerdem ging unerwartet schnell der Whisky aus, so dass Kenneth die Arbeit für eine nicht einkalkulierte Einkaufsfahrt verlassen musste. Dabei wäre er bei-

nahe in eine Polizeikontrolle geraten. Das hätte noch gefehlt! Er meinte zwar, die volle Kontrolle über sich zu haben, und spürte keinerlei Beeinträchtigungen durch den Alkohol, aber er machte sich nichts vor: Bei seinem Pensum lag er jenseits der gesetzlichen Promillegrenze, egal wie er sich selbst einschätzte.

Nach diesem Erlebnis schränkte er sich ein. Er durfte im Archiv nicht genauso kräftig zulangen wie zu Hause. Hin und wieder ein Schluck aus seinem Versteck während des Arbeitstages, das ließ sich problemlos deichseln, um den Schein halbwegs zu wahren. Doch nachts arbeitete er im Sicherheitstrakt, der von Videokameras überwacht wurde.

Wo sollte er hin mit den Flaschen? Der einzige Ort, wohin er sich zurückziehen konnte, war die Toilette, aber auch dort gab es keine hundertprozentige Garantie, dass er ungestört blieb, denn gelegentlich schauten auch dort Sicherheitsleute vorbei. Kenneth versteckte die jeweils aktuelle Flasche so hinter einer Kloschüssel, dass sie dem Wachmann bei seiner flüchtigen, routinierten Kontrolle entging. Dieses Prozedere empfand er als erniedrigend und für im Grunde nicht mit seiner Haltung vereinbar, aber für den Moment wusste er keinen anderen Ausweg.

Kenneth fuhr nur zum Schlafen und Duschen nach Hause und um frische Kleider anzuziehen. Da er keine Zeit für Einkäufe hatte, nahm er sich Frühstück am Drive Thru mit. Die pappigen

Sandwiches aus dem Automaten im Archiv mussten bis zum Abendessen warten. Mittagessen gab es in der Kantine.

Am dritten Morgen empfing ihn Phoebe mit einem mitleidigen Blick über den Rand ihrer Brille hinweg, die wie immer ganz vorn auf ihrer Nasenspitze saß. Sie lehnte Gleitsichtbrillen ab.

„Kommen Sie voran?“, fragte sie. „Sie sehen müde aus.“

Russell Miller war ebenfalls anwesend, der Dritte in Kenneths Abteilung. Auch er blickte Kenneth fragend an. Kenneth kam zu dem Schluss, dass er es wohl an Haltung vermissen ließ, was ihn müde wirken ließ, und straffte seine Gestalt. Aber dass er überarbeitet war, ließ sich auf diese Weise wohl nicht verbergen.

„Nein, ich komme nicht voran“, antwortete er offen. „Mit ein bisschen Routine kann ich vielleicht bis auf 20 Dokumente pro Minute kommen, aber das reicht nicht, um noch dieses Jahr fertig zu werden. Nicht einmal wenn ich die Wochenenden durcharbeite.“

„Das dürfen Sie nicht“, wandte Phoebe ein und machte ein sorgenvolles Gesicht. „Das ist nicht nur gegen die Vorschriften, sondern auch gegen die Vernunft. Menschen brauchen Erholungspausen, das ist nun mal so.“

„Ich kann es nicht ändern.“

„Warum fragen Sie nicht?“

„Was soll ich fragen?“

„Ob wir Ihnen helfen!“, rief Phoebe

Russell verschränkte die Arme vor der Brust, nickte und sagte:

„Das frage ich mich ebenfalls."

„Das kann ich nicht anordnen", widersprach Kenneth. „Von mir als leitendem Angestellten kann verlangt werden, dass ich über die vorgeschriebene Zeit hinaus arbeite, aber von Ihnen nicht."

„Ich rede nicht von anordnen oder verlangen, sondern um fragen oder bitten", versetzte Phoebe. „Wir könnten immerhin freiwillig dazu bereit sein, Ihnen zu helfen, so unglaublich Ihnen das auch erscheinen mag. Aber fragen oder gar bitten fiel Ihnen ja schon immer schwer, nicht wahr?"

„Phoebe, ich …"

Kenneth wusste nicht, was er sagen sollte. In der Tat wären die beiden eine große Hilfe. Aber es gab ein Problem: Sie hatte beide nicht die nötige Freigabestufe und durften den Sicherheitstrakt daher nicht betreten. In Russells Fall wäre es wohl möglich, die Freigabe zu bekommen. Kenneth hatte den jungen, schlaksigen Mann persönlich ausgebildet und zu seinem Nachfolger aufgebaut. Irgendjemand musste Kenneths Werk fortführen, wenn er in Pension ging. Russell war der ideale Archivar: aufmerksam, intelligent, unaufdringlich, ein bisschen scheu, aber gründlich und unbestechlich. Nach allem, was Kenneth über ihn wusste, hatte Russell, obwohl jung, kein Liebesleben über das Archiv hinaus. Vielleicht rechnete er gar wie einst Kenneth bereits nicht mehr damit, jemals eine Frau zu finden. Mit großer Sorgfalt hatte Kenneth ihn auch in die Grundlagen der Betreuung hochgeheimer Akten eingeführt, allerdings nur in der Theorie. Der junge Mann wäre für diese Arbeit vorbereitet.

Aber Phoebe? Wenn sichergestellt war, dass sie vom Inhalt der Akten nichts zu sehen bekam, etwa indem sie nur geschlossene Akten hin und her beförderte, konnte Kenneth versuchen, eine Genehmigung von Harrison zu bekommen.

„Ich habe immer noch keine Frage gehört", sagte Phoebe unerbittlich.

„Wären Sie dazu wirklich bereit?", fragte Kenneth. „Das wäre natürlich …"

„Ich für mein Teil empfinde es als große Schweinerei, dass die Akten nicht schon längst gescannt wurden", antwortete Russell überraschend energisch. Kenneth zuckte zusammen. Hörte er da Kritik heraus? Doch Russell fuhr fort: „Das ist angesichts unserer personellen Ausstattung nicht zu leisten, wie wir ja sehen. Es ist klar, wer die Schuld daran trägt. Aber es gibt nun mal diese Sperrfrist, und ich denke, dass die unersetzlichen Dokumente unbedingt gescannt sein müssen, bevor die Frist abläuft. Alles andere wäre unverantwortlich. Ich bin also dabei."

„Und ich hätte das Thema nicht angefangen, wenn ich nicht ebenfalls dazu bereit wäre", versetzte Phoebe.

„Dann würde ich Sie beide gern bitten", sagte Kenneth holprig, doch mit gerader Haltung,

„diesem Projekt Ihre kostbare Zeit zur Verfügung zu stellen."

„Würden Sie?", versetzte Phoebe spitz. „Na so was."

Die Ausnahmegenehmigung für Phoebe bekam Kenneth spielend. Direktor Harrison bereitete keine Probleme, machte aber die erwarteten Auflagen: keine Akteneinsicht für Phoebe. Kenneth hatte insgeheim erwartet, dass Harrison zu blockieren versuchen würde, aber die Idee, dass der Direktor den Auftrag haben könnte, Kenneth Knüppel zwischen die Beine zu werfen, war wohl doch reine Paranoia.

„Haben Sie wirklich geglaubt, Sie schaffen das allein?", fragte der Direktor.

„Ich sah keinen anderen Weg."

„Um wie viele Seiten handelt es sich eigentlich?"

Kenneth musterte ihn verwundert.

Müsste er das nicht wissen?

„Um etwa 800.000 Seiten, Sir."

Harrison schüttelte den Kopf.

„Ich hätte mehr Realitätssinn von Ihnen erwartet."

Diese Bemerkung traf Kenneth ins Innerste, doch er bewahrte Haltung, bis er die Tür seines Büros hinter sich schließen, an sein Versteck gehen und den Ärger hinunterspülen konnte.

Die Genehmigung der höheren Geheimhaltungsstufe für Russell zog sich einige Tage hin, obwohl Harrison die NARA-Zentrale in Washington einschaltete. Russell musste eine

Sicherheitsüberprüfung durch FBI und CIA über sich ergehen lassen, doch weder die Bundespolizei noch der Auslandsgeheimdienst waren von solcher Natur, dass sie sofort sprangen, sobald ein NARA-Direktor „Hopp!“ rief. Die Genehmigung zog sich über mehr als eine Woche. Russell musste zu einem Gespräch nach Washington in die FBI-Zentrale fahren. Was wie eine reine Formsache aussah, entpuppte sich als ein dreistündiges Gespräch, das streckenweise an ein Verhör grenzte. In Sachen Geheimhaltung verstand Vater Staat nun mal keinen Spaß. Russell kehrte zutiefst erschöpft nach College Park zurück, aber die Freigabestufe 2.2 war genehmigt.

Nun, da sie zu dritt waren, nahm die Digitalisierung der JFK-Akten Fahrt auf. Schon Phoebes Hilfe allein war so wertvoll, dass die Scanrate auf 25 Dokumente pro Minute hochgezogen werden konnte. Nachdem Russell endlich zu ihnen stieß, schafften sie bald 40, später sogar 45 Dokumente pro Minute.

Ob sich Phoebe wohl im Klaren darüber war, welcher Natur die Akten waren, die sie da auf ihrem Wägelchen hin- und hertransportierte? Dass es sich einerseits um das Aktenmaterial handelte, das der Warren-Kommission vorgelegen hatte, also um die Ergebnisse der FBI-Ermittlungen und die Summe der Zeugenaussagen, welche von der Kommission angehäuft worden waren? Dass man auf dieser Basis alles Oswald in die Schuhe geschoben hatte, um die wahren Täter zu schützen und eine Staatskrise zu vermeiden – wovon allerdings nichts in den Warren-Akten stand? Dass es andererseits umfangreiches beigeordnetes Material gab, das auf manches, was in den Unterlagen der Kommission stand, ein recht schrilles Licht warf? Aus diesem Material kannte Kenneth die Namen der beiden Todesschützen und ihrer Auftraggeber. Wenn die Warren-Kommission diese Informationen damals zur Kenntnis genommen und Oswald dennoch, also wider besseres Wissen, als Täter denunziert hatte, war sie in Kenneths Augen der Geschichtsfälschung schuldig.

Natürlich musste man die Akten vor ihrem historischen Hintergrund verstehen. Es war viel Ideologie im Spiel, viel Hass auf den jungen Präsidenten, der von Hardlinern und Falken umgeben gewesen war. Mit der Invasion in der Schweinebucht auf Kuba hatten CIA und Exilkubaner versucht, ein Szenario herbeizuführen, in dem der Präsident nicht anders konnte, als Kampfflugzeuge zu schicken und so den gewünschten Krieg gegen Kuba zu beginnen. Mit solchen Mitteln hatte die CIA damals Außenpolitik gemacht. Dass Kennedy die Luftunterstützung verweigert hatte, kam aus Sicht bestimmter Kreise, die ihr eigenes Süppchen zu kochen versuchten, einem Dolchstoß gleich. Auch dass er die Kubakrise 1962 beendet hatte, ohne einen Weltkrieg heraufzubeschwören – der mit Atomwaffen geführt worden wäre –, war ihm von diesen Falken keineswegs als Verdienst angerechnet worden. Kenneth wusste eine Menge über die Verschwörung, der Kennedy zum Opfer gefallen war, und jetzt, da er all diese Akten in die Hand nahm, um sie in das Einzugsfach des Scanners zu befördern, all diese Dokumente, die ihm geradezu durch die Finger glitten, war es ihm mehr und mehr unbegreiflich, wie er die Auffassung hatte vertreten können, dass die Menschen in diesem Land besser nichts von diesen Vorgängen erfahren sollten. Hatte er diese Position wirklich sogar dem Präsidenten vorgetragen? Es lag für ihn nun buchstäblich auf der Hand, dass dieses Wissen die USA zwar erschüttern würde, dass es aber trotzdem nötig war, es zu verbreiten, weil die Nachfolger der einstigen Falken offenbar noch immer am Werk waren und Einfluss zu nehmen versuchten.

Doch Phoebe war nicht anzumerken, ob sie etwas ahnte, während sie die Akten transportierte, und auch Russell verhielt sich professionell: Jetzt kam es nur darauf an, die Akten möglichst schnell zu scannen und zu sichern. Mit ihrem Inhalt würde sich der junge Archivar – jetzt, da er die nötige Freigabestufe hatte – zu gegebener Zeit beschäftigen. Allerdings entging Kenneth nicht, dass Russell manchmal, wenn er eines der Dokumente auf Randnotizen oder andere Besonderheiten prüfte, für ein paar Momente genauer hinsah.

Er ließ ihm diese Sekunden, aber es gab einen Zwischenfall, in dem es ihm zu lange dauerte. Russell las einen der Texte, und ihre inzwischen eingeübte Routine beim Scannen kam ins Stocken. Kenneth wollte ihm das Dokument schon aus der Hand nehmen, doch da blickte sein junger Nachfolger auf und fragte leise:

„Allen Dulles?“

Phoebe war gerade weit weg, um Akten einzusortieren, und konnte sie nicht hören.

„Dulles steckte dahinter?“, fragte Russell.

„So einfach ist es nicht“, raunte Kenneth. Richtig war: Allen W. Dulles, bis 1961 CIA-Präsident, war von Kennedy nach dem Schweinebucht-Desaster aus dem Amt entfernt worden, und er hatte in der Verschwörung gegen Kennedy ein Wort mitgeredet.

„Dulles war auch Mitglied der Warren-Kommission!“ Russell sprach unwillkürlich leise, da auch Kenneth nur flüsterte, als er mit fast resigniert klingendem Ton hinzufügte: „Es ist also wahr: Die Geschichte schreibt immer der Sieger.“

Kenneth rann es kalt den Rücken hinab, da er diese Geschichte vor einer Weile noch für abgeschlossen gehalten hatte; doch wie abgeschlossen sie wirklich war, erlebte er jetzt geradezu physisch.

„Es ist nicht so einfach“, gab er leise zurück.

„Was ist daran nicht einfach?“, fragte Russell und wedelte mit dem Dokument.

„Dulles gehörte nicht zu den Drahtziehern“, antwortete Kenneth im Flüsterton. „Er war nur ein Werkzeug.“

„Ein Ex-CIA-Direktor – nur ein Werkzeug?“

„Er hat sich dazu machen lassen, um dabei zu sein! Es ist … kompliziert. Die Gruppe nannte sich *The Comitee.*“

„Es gab also wirklich eine Verschwörung?“, fragte Russell aufgeregt. „Die Akten wurden weggeschlossen, um die Wahrheit zu verheimlichen?“

Kenneth schüttelte den Kopf und verfolgte mit nervösen Blicken, wie Phoebe an den Regalen hantierte.

„Nein, mein Junge, es verhält sich ein wenig anders“, wisperte er. „Die Akten wurden nicht weggeschlossen, um den wahren Täter zu verbergen, sondern um der Öffentlichkeit zu verheimlichen, wie schlecht die Warren-Kommission gearbeitet hat. Die Akten dokumentieren gewissermaßen das Versagen der Kommission.“ Er verbesserte sich: „Genauer müsste es heißen: das *kontrollierte* Versagen, denn es wurde von Allen Dulles dirigiert und in Szene gesetzt. Genau das war sein Beitrag zur Verschwörung.“

„Oh Mann, das ist aufregend“, wisperte Russell. „Wissen Sie, Sir, eigentlich habe ich es immer gewusst.“

„Lass uns weitermachen! Lesen kannst du später noch in ruhigeren Momenten.“

Phoebe zog derweil Akten aus den Regalen und lud sie auf ihren Wagen.

Kenneth sah auf die Uhr. Es war der 9. November 2016 um 21:11 Uhr.

„Merk dir die Uhrzeit“, wisperte er. „Dann findest du das eingescannte Dokument jederzeit leicht wieder.“

„Unbedingt“, gab der junge Mann leise zurück. „Das will ich mir in Ruhe ansehen.“

Phoebe kam zurück.

„Machen wir bald Schluss?“, fragte sie müde. „Ich falle gleich um.“

Immerhin war nun klar, dass das Einscannen sämtlicher Akten noch im Dezember abgeschlossen werden konnte, also rechtzeitig vor Ablauf der Sperrfrist. Daraufhin genehmigte Kenneth ihnen allen freie Sonntage, an denen Kenneth allerdings unruhig und mit brummendem Schädel zu Hause saß und nichts mit sich anzufangen wusste. Die unentwegte Arbeit mit Phoebe und Russell wirkte wie eine Entziehungskur, denn er konnte ja schließlich nicht andauernd auf die Toilette verschwinden. Unter diesen Umständen war es ihm unmöglich, sich abends die gewohnten Mengen an Alkohol zuzuführen. Das holte er daraufhin am Samstagabend nach – mit dem Ergebnis, dass er sonntags einen Kater hatte wie schon lange nicht mehr. Doch obwohl er es hasste, verkatert zu sein, schaffte er es nicht, an den folgenden Wochenenden weniger zu trinken. Also machte er schließlich sonntags allein mit dem Scannen weiter.

Und dann kam der Tag, an dem sie es geschafft hatten: Eines späten Abends glitt die letzte der 811.634 Seiten durch Kenneths Hand und landete kurz darauf im Wiederausgabefach das Scanners, und Kenneth sagte:

„Fertig."

„Wir Helden der Arbeit!", sagte Phoebe. „Es reicht aber auch. Ich habe wirklich die Schnauze voll."

Kurz darauf hielt sie eine Flasche Sekt in der Hand und entkorkte sie. Kenneth war zu benommen, um sich zu erklären, woher plötzlich die drei Gläser kamen.

Seit Jahren hatte er keinen Sekt mehr getrunken. Das Zeug schmeckte süßlich und sauer zugleich und wühlte seinen Magen auf, aber es handelte sich, zumal an einem solchen Tag, um gesellschaftlich akzeptierte Alkoholzufuhr. Trotzdem hielt Kenneth sich zurück.

„Und jetzt, meine Dame und mein Herr", sagte er zu Phoebe und Russell, „erleben wir die wundersame Vermehrung unserer historisch einmaligen Dokumente."

Er nahm eine externe Festplatte, stöpselte sie ein, und Phoebe leitete das Kopieren der Daten ein.

„Für die Zukunft gesichert", fügte Kenneth mit Blick auf die Festplatte hinzu.

„Sicher waren sie auch vorher schon", kommentierte Russell.

Es handelte sich um gut 1,5 Terabyte an Daten, daher dauerte der Vorgang eine Weile, aber sie sahen dennoch zu dritt zu, wie der Balken des Ladediagramms nach rechts wuchs, bis die Kopie abgeschlossen war. Dann zog Kenneth den Stecker, nahm die Festplatte und sagte zu Russell:

„Patient Zero zu deinen Händen. Du weißt ja, was als nächstes zu tun ist."

„Das überlassen Sie mir?" Russell schien erstaunt.

„Gewiss. Verschlagwortung, Zeitlinien, Verzeichnisse. Das ganze Programm. Dafür habe ich dich ausgebildet."

Russell nahm die Festplatte strahlend entgegen.

Für solche Fälle gab es hochspezialisierte Software, die das Material durchforsten würde. Russell würde die Gelegenheit selbstredend nutzen, um darin zu lesen. Damit war Kenneth nicht mehr der einzige Mensch auf diesem Planeten, der die JFK-Akten kannte. Er trank seinen Sekt aus. Ein Gefühl der Erleichterung erfasste ihn.

Sicherheitshalber machte er noch eine zweite Kopie des Datenberges, die er zwischen den Akten an einer Stelle platzierte, die er leicht wiederfinden würde, weil er dort früher gelegentlich seine Flaschen versteckt hatte, damals, vor zwanzig Jahren, als er sich schon einmal viele Nächte lang durch die Akten gewühlt hatte.

„Mir reicht's", sagte Phoebe. „Gute Nacht."

***

Am Morgen darauf kam Kenneth wie gewohnt zur Arbeit. Phoebe hatte sich frei genommen, und Russell war noch nicht da. Er würde wohl wie üblich auf den Punkt kommen.

Kenneths erste Amtshandlung an diesem Morgen war, dass er hinab in den Keller ging und nachsah, ob der Scanner und die beiden Festplatten noch da waren. Dann zog er drei weitere Kopien auf weitere externe Datenträger, die er an verschiedenen Stellen im Archiv hinterlegte – natürlich alle innerhalb des Sicherheitstraktes. Anschließend ging er wieder nach oben und überlegte, ob er Diane eine Mail schreiben sollte. Er verspürte das Bedürfnis, das Erfolgserlebnis zu melden. Aber möglicherweise beginge er damit Geheimnisverrat.

Im Lauf der vergangenen Wochen hatte Kenneth entgegen seiner Gewohnheit Gefallen an einem gewissen Blog gefunden. Seine Arbeit zwang ihn zwar dazu, auch Blogs zu lesen, wenn es um JFK ging. Die Inhalte waren dann zu sichten und den Dossiers zu den JFK-Akten hinzuzufügen. Doch sein persönliches Interesse an Blogs hatte sich in Grenzen gehalten und beschränkte sich auf diese professionellen Aspekte. Das hatte sich geändert. Während die Zahl der Anfragen und Anträge auf Zugang zu den JFK-Akten – darunter viele von Bloggern – die Zahl 3000 überstieg, beschäftigte er sich mit wachsendem Interesse unter anderem mit dem Blog von Diane Arnsworth, mit *Inside Mind*.

Schon der Name faszinierte ihn. So selbstbewusst! Und subversiv. Er schämte sich fast, dass er Diane zunächst so wenig zugetraut hatte, nur weil sie jung und schön war. Tatsächlich fand er auf ihrem Blog Texte, die ihn förmlich in sich hinein sogen, so dass er nicht aufhören konnte zu lesen. Es ging um Amerikas Seele, wie schon der Name andeutete, um den Zustand der amerikanischen Gesellschaft, um die amerikanische Politik und darum, wer sie gestaltete.

Dem Titel folgte das Motto des Blogs, das eine Frage war:

„Wissen wir, was eigentlich geschieht?"

Die Frage gefiel Kenneth, weil sie suggestiv war. Sie implizierte ein Nein, aber wenn man darüber nachdachte, stieß man schnell auf die schwankende Bedeutung von „eigentlich": Was geschah eigentlich? „Eigentlich" bedeutete nicht zwangsläufig „wirklich". Es wurde ein Hintergrund angesprochen, eine Art Matrix, den „wir" – dazu zählte Kenneth sich unwillkürlich selbst – nicht kannten, vor der die Geschehnisse der jüngeren Geschichte jedoch offenbar eine andere Bedeutung erhielten als die, die ihnen offiziell beigemessen wurde. Das Ganze war gewürzt mit einem Schuss Verschwörungstheorie, aber da Kenneth die Hintergründe des Kennedy-Attentats kannte, konnte er halbwegs einordnen, wie es um das Verhältnis von Spekulation und Realität stand. Das Kennedy-Attentat stand bei *Inside Mind* häufig im Hintergrund, ohne immer genannt zu werden. Es stellte gewissermaßen eine „historische Wegmarke“ dar, wie es im Einleitungstext „Über *Inside Mind*“ formuliert war, mit dem Diane ihr Blog und sich präsentierte. Kenneth begriff allmählich, wie weitreichend das Attentat die USA nach Dianes Meinung bis heute beeinflusste.

Diane war Mitglied eines Netzwerks investigativ recherchierender Journalisten, das versuchte, Öffentlichkeit über die verborgenen Aktivitäten von Lobbyisten herzustellen, insbesondere der Lobbyisten des militärisch-industriellen Komplexes.

Obwohl Kenneth keineswegs allem zustimmte, was er auf *Inside Mind* las, fühlten sich jene Tage, an denen Diane nichts Neues veröffentlichte, schon bald so an, als ob ihm etwas fehle.

Es war ein entspannter Morgen, und da nicht damit zu rechnen war, dass jemand klopfte und nach ihm verlangte, wagte er es heute ausnahmsweise, sich mit seinem Frühstück an den Schreibtisch zu setzen, während er Dianes neuesten Artikel las. Er handelte vom texanischen Gouverneurs-Wahlkampf. Mitte Januar war Wahltag. Wie in Texas kaum anders vorstellbar, hatte der Kandidat der Republikaner, ein Hardliner namens Chris Kerry, allerbeste Chancen. Weithin unbekannt war jedoch, dass Kerry vor Jahren Manager bei *United Steel & Weapons* gewesen war. Er selbst bestritt dies nicht, hängt diese Information aber auch nicht an die große Glocke. Dianes Artikel deckte diese Verbindung auf und stellte die Frage, ob der Einfluss des militärisch-industriellen Komplexes wachse und wie weit er noch wachsen dürfe, bis die amerikanische Öffentlichkeit begreife, wie schädlich dieser Einfluss für das Land war.

Kenneths Hochachtung vor Diane wuchs.

Direktor Harrison war bei einem Kongress der NARA-Administration, wie Kenneth Phoebes Mail von gestern Nachmittag entnahm – sie schickte weiterhin in gewohnter Routine nachmittags, und er las ebenso routiniert weiterhin erst am folgenden Vormittag –, und von Linda Wisniewski lag eine Mail vor, in der sie ihr endgültiges Einverständnis mit der Liste von Medienvertretern erklärte, die Kenneth mit ihr für das erste Quartal des neuen Jahres verhandelt hatte. Also würde auch Linda ihn heute in Ruhe lassen. Übrigens hatte sie nicht die geringsten Spuren von Triumph erkennen lassen, als er damals, nach dem Besuch von Diane, an sie herangetreten war, um die Teilnahme von Journalisten zu besprechen. Das rechnete er ihr hoch an.

Die Professoren, die Kenneth von Anfang an hatte dabeihaben wollen, hatten bereits alle zugesagt. Ihre Projekte vertrugen sich gut mit dem Interesse der Medien, da sie meist bestimmte Facetten des Geschehens herausgriffen und beispielsweise über die Verbindungen zwischen CIA und Mafia forschten. Sie würden maßvolle Gesellschaft von Vertretern der Tageszeitungen und großen Magazine bekommen. Das stellte einen brauchbaren Kompromiss zwischen dem dar, was die Medien beanspruchen durften, und dem, was Kenneth dem Präsidenten versprochen hatte.

Kenneth war es nicht gewohnt, viele Mails zu bekommen. Dass sein Account an diesem Morgen fünf neue Zuschriften listete, war für seine Verhältnisse viel. Zwei waren von Phoebe, eine von Linda und eine von einem Neffen, der ihn darüber informierte, dass Kenneths jüngerer Bruder an Krebs erkrankt war. Sie hatten seit Jahren kein Wort gewechselt. Kenneth fand diese Nachricht auf entrückte Weise sonderbar, sie berührte ihn kaum. Eigentlich war er immer davon ausgegangen, dass es ihn zuerst erwischen würde. Sein Lebenswandel sprach dafür. Doch offenbar war er von robusterer Kondition als sein Bruder.

Die fünfte Mail kam von jemandem, den Kenneth nicht kannte und der nichts von sich preisgab als seinen Vornamen. Er hieß Evan, und Kenneth überlegte, ob er die Mail überhaupt öffnen oder sie ungelesen löschen sollte. Er entschied sich dafür nachzusehen. Die NARA verfügte über gute Spamfilter, die praktisch nie Mails durchließen, die nicht durchgelassen werden sollten.

„Hallo Kenneth“, las er. „Sie kennen mich nicht. Löschen Sie diese Mail trotzdem nicht, bevor Sie zu Ende gelesen haben. Ich beglückwünsche Sie zur Digitalisierung der Akten. Damit haben Sie unserem Land einen großen Dienst erwiesen. Nun müssen Sie möglichst bald mindestens eine Kopie der Daten in Sicherheit bringen, bevor die Sperrfrist endet. Das heißt, sie müssen eine Kopie aus dem Trakt der Sicherheit entwenden. Haben Sie Fragen? Dies ist eine One-Reply-Mail, dafür angelegt, genau ein einziges Mal und nur von Ihnen eine Antwort zu erhalten. Die Spuren können kaum zurückverfolgt werden. Wenn sie nicht binnen zwei Minuten auf ‚Antworten' klicken, wird diese Mail gelöscht. Warten Sie also nicht zu lange."

Die Mail war signiert mit den Worten:

„Evan, ein weitsichtigerAmerikaner".

Kenneth verschluckte sich fast. Das war mit Abstand die merkwürdigste Mail, die er jemals bekommen hatte. Wie viel lieber hätte er eine Mail von Diane gelesen, doch die hatte seit ihrer Ankündigung, nun doch kein Porträt von ihm schreiben zu wollen, nichts mehr von sich hören lassen.

Wer forderte ihn da auf, das Gesetz zu brechen? Wer wusste außerhalb der NARA von der abgeschlossenen Digitalisierung der Akten? Und wer behauptete, dass die Dokumente, um in Sicherheit zu sein, aus dem Archiv entfernt wurden mussten? Wer war dieser Evan? One-Reply-Mail? Davon hatte Kenneth noch nie gehört.

Die ganze Sache war ihm zutiefst suspekt, und nach einem beherzten Schluck aus seinem Versteck beschloss Kenneth, das alles zu vergessen. Er machte es einfach so, wie Amerika es mit den JFK-Akten gemacht hatte: Er tat so, als gäbe es diesen Evan und diese Mail nicht.

Er löschte die Mail.
Das war nun wirklich zu billig.

12. Dezember 2016

Doch damit fing es erst an. Fortan bekam Kenneth jeden zweiten Tag Mails von diesem ominösen Evan, in denen er bekniet wurde, die JFK-Akten in Sicherheit zu bringen, als wären sie dort unten im Sicherheitstrakt der NARA nicht in allerbestem Gewahrsam. Tatsächlich beschlich Kenneth ein gewisses Unwohlsein, als Evan in einer dieser Mails argumentierte:

„Sie müssen mir nicht antworten, aber machen Sie sich bewusst, wie unsinnig es ist, alle digitalisierten Unterlagen am selben Ort aufzubewahren wie die Originale. Finden Sie unbedingt einen anderen Ort dafür, wenigstens für eine einzige Kopie. Und sagen Sie niemandem etwas davon! Die Welt wird es Ihnen danken.“

Ein anderes Mal schrieb Evan:

„Ich kann Ihnen gegenüber nicht deutlicher werden, denn die Kommunikation via Mail ist nicht sicher genug. Sämtlicher Mailverkehr in den USA wird nach bestimmten Schlüsselbegriffen durchsucht, die ich daher bewusst vermeide. Der Name des Mannes, um den es in den Akten geht, ist ein solcher Schlüsselbegriff. Es gibt Kreise in diesem Land, die stark an diesem Thema und mehr noch an seiner Vermeidung interessiert sind. Diese Kreise wissen, dass sie nicht mehr viel Zeit haben, um die Akten ein für allemal zu vernichten und das Thema damit endgültig zu beerdigen. Sie wollen erreichen, dass alles, was als ‚Wahrheit‘ etabliert wurde, zur Wahrheit wird. Wenn es die Akten nicht mehr gibt, wird dies geschehen, und die letzte Chance ist vertan, die Wahrheit bekanntzumachen."

Immer signierte der Unbekannte als „Evan, ein weitsichtiger Amerikaner", und allmählich begann Kenneth sich zu fragen, ob Evan wohl von sich selbst glaubte, hellsichtig zu sein. Er schien einen Anschlag auf das Archiv zu befürchten, nein, mehr: Er schien zu wissen, dass ein solcher Anschlag geplant war. Vielleicht gehörte das Wort „Anschlag" zu den Begriffen, nach denen Mails durchsucht wurden, so dass Evan es nicht benutzte? Das zwang ihn natürlich dazu, um den heißen Brei herumzureden und so Kenneths Misstrauen ungewollt zu stärken.

Doch wie realistisch war ein Anschlag auf den Sicherheitstrakt? Evans Argument, es sei unsinnig, alle Kopien am selben Ort aufzubewahren wie die Originale, ließ Kenneth nicht unberührt. Jeder Archivar fürchtete sich vor Feuer. Wie reagierten digitale Speichermedien wie die Festplatten auf Hitze? Kenneth fragte in der IT-Abteilung der NARA nach und erhielt die Antwort, dass sie wesentlich empfindlicher waren als Papier: Bei einer Umgebungstemperatur von 70 Grad wurde auch die beste Festplatte für immer unbrauchbar, so dass sie nicht mehr gelesen werden konnte. Für den Festplattentyp, den Kenneth verwendet hatte, lag die Toleranz deutlich niedriger: Der Hersteller gab die höchste Temperatur, der die Geräte ausgesetzt werden durften, mit 50 Grad Celsius an. Natürlich waren das Temperaturen, die unter normalen Umständen in einem Klima wie in Maryland und erst recht dort unten im Sicherheitstrakt niemals erreicht werden würden, aber um normale Bedingungen ging es nicht. Der Gedanke, dass auch die digitalen Versionen vernichtet werden würden, wenn dort unten ein Feuer ausbräche, beunruhigte Kenneth zutiefst und bereitete ihm sogar Albträume.

Doch wie wahrscheinlich war ein solches Szenario angesichts der ausgefeilten Sicherheitsvorkehrungen? Kenneth überlegte, ob er Direktor Harrison vorschlagen sollte, einen außerplanmäßigen Check der Anlage und vor allem der Vakuumpumpe zu veranlassen, aber die skeptischen Blicke des Direktors, die er bei jeder ihrer Begegnungen wahrzunehmen meinte, hielten ihn davon ab.

„Sie sehen überarbeitet aus, Mr. Fitzgerald“, begrüßte der Direktor ihn an diesem Morgen, als sie sich auf dem Weg zum Arbeitsplatz am Fahrstuhl begegneten.

„Es würde mich nicht wundern, wenn das zuträfe“, gab Kenneth auf seine unnachahmliche Art zurück.

Früher hätte der Direktor wegen einer solchen Erwiderung, die seine sorgenvolle Bemerkung durch zwei Konjunktive infrage stellte, zumindest die Stirn gerunzelt, aber inzwischen nötigten ihm die Schrullen seines leitenden Archivars kaum mehr als ein Schulterzucken ab.

Kenneth würde niemals direkt zugeben, dass er überarbeitet war. Vielmehr fasste er solche Anmerkungen als Provokationen auf, fast als Kritik, als wäre er kurz davor, seine Arbeit nicht mehr zu schaffen. Doch niemand sollte seine Handlungsfähigkeit in Abrede stellen. Also reagierte er scharfzüngig.

„Wie viele Anträge haben wir inzwischen?“, fragte Harrison.

„Gestern Abend bei Dienstschluss waren es genau 4628.“

„Und die wurden alle beantwortet?“

„Mit Standardschreiben bekamen alle eine Empfangsbestätigung und die Mitteilung über ihre Platzierung auf der Warteliste. Mit Nummer.“

„Sie haben alles im Griff, nicht wahr?“

„Es hat zumindest den Anschein.“

Der Direktor schmunzelte. Kenneth hingegen freute sich auf sein Frühstück.

Später sah er in seine Mails. Wieder fand er ein Schreiben von Evan vor. Es war diesmal sehr kurz, es bestand lediglich aus zwei Sätzen:

„DA ist heute in Washington. Treffen Sie sie!“

Kenneth wusste sofort, wen Evan mit DA meinte. „Diane Arnsworth“ gehörte also zu den Suchbegriffen, nach denen der nationale Mailverkehr durchforstet wurde? Die Journalistin befasste sich zwar unter anderem mit dem Thema JFK, doch Kenneth hätte sie nicht als sicherheitsrelevant eingestuft. Aber woher wusste

Evan, dass Kenneth Diane kannte? Und woher wusste er überhaupt, welche Suchbegriffe er in seinen Mails vermeiden musste?

Die Sache wurde immer rätselhafter. Doch Evans Vorschlag gefiel Kenneth. Er überlegte, ob er Diane einfach anrufen sollte, aber er fürchtete, sie in einem Termin zu stören. Also schrieb er ihr eine SMS.

„Liebe Diane, Sie hatten ein Treffen vorgeschlagen. Ich hätte nun Bedarf. Ihr Kenneth."

Ob auch der SMS-Verkehr nach Schlagwörtern durchsucht wurde?

Es dauerte eine gute Stunde, bis Kenneths Handy meldete, dass die SMS zugestellt worden war. Dianes Handy musste abgeschaltet gewesen sein. Doch nun reagierte sie sofort, indem sie zurückrief.

„Gut zu hören, dass Sie nun endlich Bedarf haben", sagte sie, und Kenneth meinte, erneut diesen sanften ironischen Unterton herauszuhören, der ihn schon damals gekitzelt hatte. „Wie der Zufall es will, bin ich heute in Washington. Wann haben Sie Zeit?"

„Heute noch?", fragte er erstaunt.

„Morgen muss ich sehr früh zurück nach LA."

***

Den ganzen Tag über hatte Kenneth sich mit Alkohol zurückgehalten, weil er fürchtete, dass Diane mit ihrer ausgeprägten Beobachtungsgabe etwas bemerken könnte. Entsprechend unruhig war er nun. Trotzdem nippte er nur an dem Chianti, den Diane ausgesucht hatte. Rotwein übersäuerte seinen Magen. Je älter er wurde, desto weniger vertrug er solches Zeug. Diane aber fand den Wein wunderbar, und darüber freute er sich, weil das bedeutete, dass sie ihre Wangengrübchen zeigte.

Wäre ich nur etwas jünger ...

Sie hatten sich bei Carlo getroffen, einem Italiener im Washingtoner Stadtteil Stanton Park.

„Nun, Kenneth“, eröffnete Diane nach ein wenig Smalltalk den ernsten Teil ihres Gesprächs, „ich bin natürlich neugierig. Was ist passiert, dass Sie nun doch Bedarf an einem Gespräch haben?“

„Bedarf war vielleicht etwas unglücklich formuliert“, wich Kenneth aus. „In der verbalen Kommunikation bin ich manchmal etwas ungelenk.“

„Sagen Sie nicht so was. Irgendetwas muss geschehen sein.“

„Ich bin beunruhigt“, gestand er. „Ich fürchte, dass etwas mit den Akten geschehen könnte, bevor die Sperrfrist abläuft. Es wurden natürlich alle denkbaren Sicherheitsvorkehrungen getroffen, und mehr noch: Wir haben inzwischen sogar die Digitalisierung abgeschlossen ...“

„Das ist eine großartige Nachricht!“, unterbrach Diane. „Haben Sie mir vielleicht ein paar Dateien mitgebracht?“

Kenneth runzelte die Stirn, erkannte dann jedoch an ihrem Lächeln, dass sie lediglich einen Scherz gemacht hatte, und beschloss, nicht darauf einzugehen, sondern spitzfindig anzumerken:

„Die externen Speichermedien werden am selben Ort aufbewahrt wie die Originalakten.“

Damit gab er ihr zu verstehen, dass für die digitalen Versionen dieselben Regeln galten wie für die analogen. Diane verstand jedoch noch etwas anderes.

„Das heißt, wenn den Originalen etwas passiert, dann sind auch die digitalen Versionen hinüber.“

Kenneth sah sie bekümmert an und nickte.

„Was könnte denn passieren?“, fragte Diane. „Nach allem, was ich über den Sicherheitstrakt weiß, ist für alles Vorsorge getragen.“

„Das ist sicher richtig.“

„Aber?“

„Ein ungutes Gefühl.“

„Dann bleibt Ihnen eigentlich nur eines übrig“, sagte Diane und nippte an ihrem Wein. „Sie müssen eine Komplettkopie außerhalb des Sicherheitstrakts deponieren.“

Kenneth lachte trocken auf. Diane musterte ihn fragend.

„Ich bekomme seit Tagen Mails von einem Unbekannten“, sagte er zur Erklärung, „die meine Beunruhigung anfachen. Er sagt dasselbe wie Sie."

„Evan?", fragte sie schlicht.

„Sie kennen ihn?", fragte Kenneth überrascht. *Nein, eigentlich bin ich nicht überrascht.*

„Kennen ist zu viel gesagt. Er ist eine meiner Quellen. Ich bin ihm nie persönlich begegnet. Er ist gewöhnlich hervorragend informiert."

„Wollen Sie damit sagen, dass seine Warnungen, den Akten könne etwas passieren, nicht aus der Luft gegriffen sind?"

Diane nickte. Sie wirkte nun nachdenklich, ihre Blicke wanderten zwischen dem Wein und Kenneths Augen hin und her, als überlege sie angestrengt. Schließlich seufzte sie.

„Ich will Ihnen etwas verraten. Evan gehört nach meiner Einschätzung zu einer geheimen Organisation namens *SCOUT*. Diese Abkürzung steht für *Strategic Committee Against Offensive and Unexpected Threats*. Schon mal davon gehört?"

Kenneth schluckte.

„Sie wissen doch, wie das bei uns Geheimnisträgern ist", begehrte er schwach auf, denn aus einem Ja hätte Diane schließen können, dass dieser Name auch in den JFK-Akten auftauchte.

„Ich habe Ihnen soeben eines meiner Geheimnisse verraten", entgegnete sie. „Zug um Zug. Sie sind dran. Schon mal von *SCOUT* gehört?"

Kenneth schüttelte nach einem letzten, kurzen Zögern den Kopf. Er musste nicht einmal lügen. Ein intensiver Geruch von Veränderung lag in der Luft.

„Wirklich nicht?", fragte Diane.

„Dieser Name taucht in dieser Form nicht in den Akten auf", sagte Kenneth. „Allerdings fällt hier und da der Begriff *The Committee*, als müsste man damit etwas anfangen können."

„*The Committee*? Haben Sie eine Idee, worum es sich dabei handeln könnte?"

Kenneth schüttelte den Kopf, sagte aber:

„Das C in *SCOUT* steht für ‚Committee', wenn ich Sie richtig verstehe."

„*SCOUT* ist eine Verschwörung, deren Ziel es ist, die Geschicke der USA aus dem Hintergrund zu steuern", sagte Diane leiser, indem sie sich zu ihm über den Tisch beugte. „Dabei geht es unter anderem darum, dass die USA immer irgendwo auf der Welt irgendeinen Krieg führen, so dass der militärisch-industrielle Komplex mit sicheren Profiten rechnen kann."

„Sie kommen mir mit einer Verschwörungstheorie?"

Kenneth starrte sie entsetzt an.

„*SCOUT* existiert!", behauptete Diane.

„Sagt Evan?"

„Korrekt."

„Haben Sie irgendwelche Beweise?"

„Nein, aber es gibt Indizien in Hülle und Fülle. Ist Ihnen aufgefallen, dass alle US-Präsidenten seit Kennedy US-Außenpolitik wie imperiale Politik betrieben haben? Eine Ausnahme war Jimmy Carter, aber selbst er, der friedliebendste US-Präsident seit JFKs Zeiten, konnte nicht anders, als sich auf einen bewaffneten Konflikt mit dem Iran einzulassen! Seit Kennedys Tod ist unsere Politik von kontinuierlicher Militarisierung geprägt. Am frechsten hat *SCOUT* nach 9/11 agiert, bevor wir unter George W. Bush in den Irak-Krieg gezogen sind. Ich habe die Vermutung, dass *SCOUT* aus der Kennedy-Verschwörung entstanden ist."

„Aber warum drang über *SCOUT* nichts an die Öffentlichkeit?"

„Die Hintermänner sind sehr geschickt und vorsichtig", entgegnete Diane. „Sie lenken die öffentliche Meinung vor allem über Denkfabriken und bestimmte Medien und treten selbst nicht in Erscheinung."

„Also doch Manipulation durch Medien!", entfuhr es Kenneth.

„Sie werden sich erinnern", gab Diane lächelnd zurück, „dass ich Ihnen nicht widersprochen habe, als dieser Punkt in unserem Gespräch damals gestreift wurde. Ein herausragendes Beispiel für einen TV-Sender, der genau im Sinne von *SCOUT* agiert, ist Fox News."

„Mich wundert, dass ich darüber bisher nichts auf Ihrem Blog gelesen habe."

„Ich habe keine Beweise, wie gesagt. Und ich bin nicht lebensmüde."

„Gut." Kenneth nickte. „Ich nehme an, jetzt bin ich wieder dran, Ihnen etwas zu verraten."

Sie verstand die indirekte Frage.

„Ich hätte eine Menge Fragen, wie Sie sich bestimmt denken können. Es fällt mir schwer, eine einzige herauszugreifen.“ Sie lächelte spitzbübisch. „Warum geben Sie mir das Material nicht einfach?“

„Sie wissen, dass ich das nicht darf!“

„Verstehe, die Vorschriften. Aber denken Sie nach! Wenn es gelingt, Teile des Materials vor Ablauf der Sperrfrist zu veröffentlichen, also völlig überraschend für *SCOUT*, sind alle Versuche sinnlos, die Akten zu vernichten. Der beste Schutz für dieses geheime Wissen ist seine Veröffentlichung!“

Kenneth seufzte.

„Ich fühle mich manipuliert“, bekannte er freimütig. „Haben Sie sich mit Evan abgesprochen? Sie stoßen derart entschieden in dasselbe Horn wie er, dass ich…“

Diane legte ihre Hand auf seine. Er zog seine weg.

„… dass ich nicht mehr weiß, was ich glauben soll.“

Sie lehnte sich zurück. Die Vorspeise wurde gebracht, doch Diane musterte ihren Salat auf eine Weise, als blicke sie durch ihn hindurch. Auch Kenneth hatte keinen Appetit mehr. Sein Magen rumorte. Er ließ alle Vorsicht fahren und bestellte einen doppelten Whisky.

„Ich bin zu weit gegangen“, gestand Diane plötzlich. „Ich wusste, dass Sie ein ausgesprochen prinzipientreuer Mensch sind. Ich hätte auch wissen müssen, dass ich Sie in einen unlösbaren Konflikt stürze, indem ich Ihnen diese Lösung des Problems anbiete."

Kenneth antwortete nicht, sondern stürzte den Whisky, der in diesem Moment gebracht wurde, in einem Zug hinunter.

„Es ist nur so", hob Diane wieder an, stockte, räusperte sich: „Es ist nur so, dass ich nur eine einizge andere Lösung vorzuschlagen hätte, und die ist leider sehr gefährlich."

„Welche andere Möglichkeit?", fragte er mit belegter Stimme.

„Sie bringen eine Komplettkopie der Daten an irgendeinem Ort unter, den nur Sie kennen", antwortete sie. „Damit verletzen Sie zwar Vorschriften und auch Ihre Prinzipien, aber wenn Sie es geschickt anstellen, erfährt niemand etwas davon. Es bliebe Ihr Geheimnis. Und dass Sie mit solchen Geheimnissen umgehen können, das haben Sie ja in den langen Jahren bewiesen, in denen Sie die JFK-Akten betreut haben."

Kenneths Stimmung verdüsterte sich.

„Dann wäre immerhin eine Kopie in Sicherheit", fuhr Diane fort. „Aber Sie persönlich befinden sich damit noch nicht in Sicherheit. Zurzeit richtet *SCOUT* seinen Fokus offenbar auf das Archiv, aber ich gehe davon aus, dass Sie *SCOUT*-Leute schon einen Plan haben, was sie mit Ihnen machen, wenn das Problem mit dem Archiv aus der Welt geschafft ist. Von diesem Moment an wären Sie der Einzige, der noch über das geheime Wissen verfügt. Vermutlich werden Sie kurz darauf bei einem Autounfall ums Leben kommen."

Kenneth zuckte zusammen.

Ich will keinen Autounfall haben!

„Immer unter der Voraussetzung, dass wirklich ein solcher Anschlag auf die Akten geplant ist", widersprach er trotzig, doch im Grunde war er längst davon überzeugt.

„Wenn Evan Sie derart drängt, hat die Sache Hand und Fuß", gab Diane zurück. „Evan hat noch nie falsch gelegen. Natürlich genügt es nicht, die Unterlagen einfach nur irgendwo zu verstecken. Die Konsequenz liegt auf der Hand – das heißt, für den Fall, dass Sie sich nicht doch noch dazu durchringen können, mir die Akten zu geben. Das wäre weiterhin die einfachste Lösung."

Sie sah forschend in sein Gesicht.

„Welche Konsequenz?", fragte er tonlos.

„Verschwinden Sie. Komplett, spurlos. Damit *SCOUT* Sie nicht findet. Bringen Sie sich und mindestens eine der Kopien in Sicherheit, indem Sie sich in Luft auflösen."

15.12.2016

Noch in derselben Nacht bereute Kenneth, Diane der Manipulation verdächtigt zu haben. Er hatte ihr damit Unrecht getan. Dass es ihr vor allem um die Sicherheit der Daten ging, hatte sie ihm ja anschließend bewiesen, indem sie ihm den einzigen anderen Ausweg aufgezeigt hatte – einen Ausweg, an den Kenneth noch nicht gedacht hatte. Selbstverständlich nicht, denn diese Idee war einfach ungeheuerlich.

Mich in Luft auflösen! Spurlos verschwinden!

Er sollte mit allem brechen, was sein Leben ausmachte? Haus und Arbeit aufgeben? Mehr Veränderung war nicht möglich. So etwas von ihm zu verlangen, war geradezu empörend!

Sonderbarerweise legte sich seine Empörung recht schnell. Wäre die Veränderung wirklich so gewaltig? An seinem Haus lag ihm nicht viel, seine Arbeit war auch nicht mehr dieselbe wie früher, und sonst gab es nicht viel, was ihn an dieses Leben band. Das, was eigentlich im Zentrum seines Lebens stand, würde ja mit ihm gehen. Er würde weiterhin die JFK-Akten betreuen! Mehr noch: Er würde für ihre Sicherheit sorgen. Sein Lebensinhalt würde zu seinem Lebenszweck werden und zu seinem Lebensziel. Ein Mehr an Verantwortung war kaum denkbar.

Hatte er denn eine Wahl? War es nicht sogar seine Pflicht, so zu handeln? Jedenfalls wenn es stimmte, dass auf die JFK-Akten ein Anschlag verübt werden sollte.

Stimmt es denn?

Das ganze Land würde irgendwann davon profitieren, wenn er die Akten und sich selbst in Sicherheit brachte, denn dann gab es eine Chance, dass die USA doch noch erfuhren, was 1963 tatsächlich geschehen war. Diane hingegen hätte zum gegenwärtigen Zeitpunkt nichts davon, wenn Kenneth sich absetzte. Sie würde, so wie die gesamten USA, lange Jahre in Ungewissheit leben, bis Kenneth sich vielleicht entschied, die Akten zu veröffentlichen. Diese Lösung hatte für Diane natürlich den Charme, dass sie weiterhin vielgelesen über JFK und Verschwörungen schreiben konnte, ohne sich um die Wirklichkeit scheren zu müssen. Ihr Vorschlag war jedenfalls selbstlos, der Vorwurf der Manipulation unbegründet.

Es war eine unruhige Nacht zwischen Schlafen und Wachen, in der Kenneth immer wieder aufstand, um sich einzuschenken in der Hoffnung, dass der Alkohol ihm Ruhe brachte. Doch das Gegenteil war der Fall: Er fachte seine Angstfantasien eher an. Kenneth träumte von Feuer im Sicherheitstrakt, und es nützte nichts, dass er die Flammen anschrie:

„Es ist unmöglich, ihr dürft hier nicht sein!"

Hilflos musste er zusehen, wie die Akten, denen er einen Teil seines Lebens gewidmet hatte, zum Opfer der Flammen wurden. Seine Wahrnehmung der Hitze war so realistisch, dass er schweißgebadet aufwachte.

Es ist unmöglich!

Das blieb eine Tatsache. Kenneth überzeugte sich am nächsten Tag mit eigenen Augen von der Einsatzbereitschaft der großen Vakuumpumpe und ließ sich von Danny Sandgren, einem der Haustechniker, die genaue Funktionsweise erklären. Anschließend ging es ihm besser.

Er kehrte in sein Büro zurück, trat an sein Versteck, öffnete es aber nicht, sondern setzte sich an seinen Schreibtisch, ohne etwas getrunken zu haben. Er musste nachdenken.

Es klopfte. Phoebe sah herein.

„Brauchen Sie etwas?"

Kenneth schüttelte nur den Kopf.

„Wirklich alles in Ordnung?", insistierte seine Büroleiterin.

Kenneth nickte nur.

Phoebe zog sich mit sorgenvoller Miene zurück.

Es war unmöglich! Aber wäre es nicht dennoch besser, die eine oder andere Vorsichtsmaßnahme zu treffen? Für alle Fälle? Kenneth fürchtete, dass er die Zeit bis zum Ende der Sperrfrist nervlich sonst nicht überstand. Er konnte nicht untätig bleiben und einfach abwarten. Er wünschte, er hätte mit jemandem darüber sprechen können, dass er drauf und dran war, gegen alle seine Prinzipien zu verstoßen und nicht nur das Gesetz zu brechen, sondern auch äußerste Veränderung zu wagen. Doch es war niemand da.

Nur Evan!

Jetzt wäre er bereit für den Kontakt, aber da Evans Mails jeweils nach wenigen Minuten gelöscht wurden, wusste Kenneth nicht, wie er den Unbekannten erreichen konnte. Er musste wohl oder übel bis zur nächsten Mail warten. Das konnte bedeuten, dass es erst morgen zum Kontakt kam, denn zuletzt hatte Evan sich alle zwei Tage gemeldet.

Doch Evan schrieb ihm schon an diesem Nachmittag. Kenneth antwortete, sobald er die Mail registrierte.

„Wer sind Sie?“, schrieb er.

Es sollte abweisend klingen, knapp und zackig, als sei Kenneth genervt wegen Evans Hartnäckigkeit, mit der er Kontakt suchte. Doch Evan reagierte in verbindlichem und freundlichem Ton.

„Ich bin Ihr Freund. Ich will Ihnen helfen. Ich melde mich, weil ich gehört habe, dass Sie sich mit DA getroffen haben, und ich möchte nachfragen, ob Ihnen der Ernst der Lage nun bewusst ist.“

„Ich habe beschlossen, für alle Fälle einen Fluchtplan zu entwickeln“, schrieb Kenneth zurück. „Ich glaube nicht, dass ich wirklich werde fliehen müssen, aber ich werde ruhiger sein, wenn es diese Option gibt.“

Er signierte mit „K.F., ein vorsichtiger Amerikaner“, und schickte die Mail ab.

Es dauerte nur wenige Sekunden, bis die Antwort kam. Evan schrieb mit atemberaubender Geschwindigkeit.

„Das war DAs Idee. Ich hätte die andere Option vorgezogen, einen Teil der Akten zu leaken, aber die Idee zu fliehen ist besser, als gar nichts zu unternehmen. Ich kann Ihnen versichern, dass die Gefahr für die Akten absolut real ist. Die Vorbereitungen für die Tat laufen bereits."

„Wenn Sie das so genau wissen, warum geben Sie dann nicht die nötigen Informationen an die Polizei, so dass die Tat verhindert werden kann?"

„Dadurch würde ich mich selbst in Gefahr bringen. Der Zahl derer, die in die Pläne eingeweiht sind, ist sehr klein. Ich käme automatisch in Verdacht. Was ist also Ihr Plan?"

Kenneth beschloss, Evans Erklärung zu akzeptieren.

„Es ist bisher nur eine Idee. Ich bin nicht sicher, ob sie schon ausreichend durchdacht ist. DA schlug vor, ich solle mich in Luft auflösen. Ich dachte mir, dass ich nach Kanada gehen könnte, in eine Blockhütte irgendwo in der Wildnis. Ich würde einen Computer mitnehmen und dort in aller Ruhe die Akten durcharbeiten. Und wenn ich so weit bin, kehre ich zurück und veröffentliche sie."

„Das ist eine ausgezeichnete Idee! Natürlich darf Ihr Computer nicht online gehen, aber in der Wildnis sind Sie vermutlich weit weg vom nächsten Internetzugang. Auf diese Weise wären Sie und die Akten wirklich in Sicherheit. Welche Probleme sehen Sie bei der Verwirklichung Ihres Plans?"

„Ich werde Geld für mindestens fünf Jahre brauchen. Ich werde kein Bankkonto haben und keine Geldeingänge. Also muss ich alles in bar mitnehmen. Ich habe keine Ahnung, was eine Blockhütte in Kanada kostet, falls ich eine kaufe, oder wie hoch die Miete ist. Außerdem muss ich an meine Verpflegung denken."

Vor allem an die flüssige.

„Wenn Sie für mehrere Jahre verschwinden wollen, was ich für eine gute Idee halte, empfiehlt es sich, ein Haus oder eine Hütte zu kaufen. Aber darum sollten Sie sich erst vor Ort kümmern und dann auch nur in bar bezahlen. Wenn Sie das online von College Park aus machen, könnte man Ihre Spuren verfolgen und Sie dort oben aufspüren. Für 40.000 kanadische Dollar sollte eine abgelegene Hütte mit Grundstück vor Ort zu bekommen sein, vielleicht auch weniger. Haben Sie so viel Geld?"

„Ja, und deutlich mehr. Aber wird es nicht auffallen, wenn ich alles auf einen Schlag abhebe? Außerdem fühle ich mich unwohl bei dem Gedanken, mit einer solchen Summe Bargeld quer durch die USA nach Kanada zu fahren."

„Das sind mehrere Probleme auf einmal", schrieb Evan. „Sicher wird es auffallen, wenn Sie all Ihr Geld auf einmal abheben. Unter Umständen macht sie das im Nachhinein sogar verdächtig, wenn Ermittlungen angestellt werden. Man könnte auf die Idee kommen, dass Sie die Veröffentlichung der Akten mit Gewalt unterbinden wollten, um sich anschließend abzusetzen. Sie haben sich ja zeitweilig ziemlich vehement gegen die Veröffentlichung ausgesprochen und waren deswegen sogar beim Präsidenten. Aber es muss Sie nicht kümmern, ob das herauskommt. Sie müssen sich lediglich schnell in Sicherheit bringen, sobald es passiert. Verfügen Sie über eine zweite Identität?“

Kenneth verschluckte sich fast. Nun ging er doch an seinen Schrank und genehmigte sich einen Fingerbreit, ehe er die Antwort formulierte.

„Mir war nicht bewusst, dass eine zweite Identität heutzutage für einen unbescholtenen Bürger zur Grundausstattung zwecks Bewältigung des täglichen Lebens gehört.“

Evan ging nicht auf die Ironie ein. Kenneth hatte den Eindruck, dass er sie nicht verstand.

„Natürlich nicht“, lautete die spröde Antwort, „aber wenn man sich absetzen will, kann eine zweite Identität sehr hilfreich sein. In diesem Fall sollte es vielleicht eine kanadische sein. Wir hätten noch genug Zeit, eine solche Identität für Sie anzulegen. Das hätte unter anderem den Vorteil, dass Sie den Mietwagen, den Sie zur Flucht nehmen sollten, auf diese neue Identität buchen können. Ich rate dringend davon ab, Ihren eigenen Wagen zu nehmen. Er könnte zu Ihrem Nachteil manipuliert sein. GPS und Navigation des Mietwagens müssen Sie natürlich zerstören, bevor Sie sich endgültig absetzen.“

Kenneth antwortete auf eine Weise, die für sein Sprachgefühl der Gipfel der Lakonie war:

„Natürlich."

„Falls Sie keine andere Identität wollen", schrieb Evan absolut trocken und sachlich, „gibt es die Möglichkeit, Sie durch Tunnel unter der Grenze hindurch nach Kanada zu schmuggeln. Vor allem in Vermont gibt es etliche Tunnel, die normalerweise dazu benutzt werden, Suchtmittel in die USA zu schmuggeln, aber sie können natürlich auch zur Flucht zweckentfremdet werden."

Beim Wort „Suchtmittel" bekam Kenneth Durst, obwohl er vermutete, dass es eher um Drogen wie Marihuana ging als um Alkohol.

„Dann möchte ich lieber eine zweite Identität", antwortete Kenneth. Mit Marihuana und solchem Dreck wollte er nicht in Verbindung gebracht werden.

„Ich werde alles veranlassen. Unter dem Material, das mir vorliegt, befindet sich ein geeignetes Passbild von Ihnen. Sie bekommen morgen eine Mail von mir mit der Adresse, wo Sie Ihre neuen Dokumente, also Führerschein und Reisepass, abholen können. Sie wird sich in Baltimore befinden. Der Service wird Sie 8000 Dollar kosten. Das ist das übliche Honorar dieses Fälschers."

Kenneth lief es kalt den Rücken hinunter.

Was tue ich da?

„Bei dieser Gelegenheit fällt mir ein, dass wir am besten auch gleich noch gefälschte Kennzeichen in Auftrag geben sollten", schrieb Evan weiter, „für den Mietwagen. Sie müssen die

Kennzeichen zu Beginn Ihrer Flucht auswechseln."

Daran hatte Kenneth auch schon gedacht. Sonderbar, auf welche Schleichwege abseits der Gesetze und Regeln sich sein grundsolides Gehirn begeben konnte, wenn es wollte.

„Natürlich", schrieb Kenneth erneut. „Ich nehme an, ich brauche auch noch eine Waffe für den Fall, dass mit jemand das Bargeld abzunehmen versucht. Und in Kanada gibt es bekanntlich viele wilde Tiere."

„Eine Waffe brauchen Sie in jedem Fall", antwortete Evan. „In Kanada sollten Sie sich ab einem bestimmten Zeitpunkt bevorzugt mit öffentlichen Verkehrsmitteln fortbewegen, mit Zug und Bus. Wesentlich erforderlich dafür ist, dass Sie Ihr Äußeres verändern, denn überall in Kanada gibt es intensive Videoüberwachung an Bahnhöfen und Busstationen, und überall wird per Gesichtserkennungssoftware nach Terroristen gefahndet."

Kenneth wurde schwindlig.

„Werde ich dann als Terrorist gehandelt?", fragte er.

„Ich halte es für möglich, dass man Sie zum Hauptverdächtigen für die Tat erheben wird. Sie sind verschwunden, haben vorher all Ihr Geld abgehoben, Sie haben sich vehement gegen die Veröffentlichung der Akten gestemmt und so weiter. Nur unter Druck haben Sie sich dazu herbeigelassen, die Akten gleich nach Ende der Sperrfrist auch für die Leitmedien zu öffnen.

Und vergessen Sie nicht – Sie haben sich erst kürzlich die Funktionsweise der Vakuumpumpe im Sicherheitstrakt erklären lassen. Vielleicht wollten Sie herausfinden, wie man sie manipulieren kann? Es mag ja alles ganz anders gewesen sein, aber diese Indizien reichen, um Sie offiziell zum klassischen Einzeltäter auszurufen. Mehr als das lag auch gegen Lee Harvey Oswald seinerzeit nicht vor."

Kenneths Kopf brummte und verlangte nach einer Pause.

„Sehr beruhigend", schrieb er.

„Das alles braucht Sie nicht zu kümmern, wenn Sie unter falschem Namen weit genug weg sind. Kontakt mit der Polizei sollten Sie dennoch vermeiden."

Kenneth ersparte es sich, ein weiteres Mal „Natürlich!" zu schreiben. Stattdessen schrieb er:

„Das war eine Menge Holz."

Diesmal überraschte ihn der Unbekannte.

„Harter Stoff, ich weiß", schrieb Evan zurück. „Ich deute Ihre Worte so, dass Sie gern Bedenkzeit hätten. Das wäre absolut nachvollziehbar."

„Ja, ich muss nachdenken. Das klingt alles sehr abenteuerlich. Nicht wie etwas, was ich normalerweise mache. Mailen wir morgen weiter!"

„Einverstanden. Den Auftrag an die Fälscherwerkstatt werde ich erst erteilen, wenn Sie sich entschieden haben. Ich melde mich."

Kenneths Kopf sirrte. Dann verschwand zu allem Überfluss auch noch Evans letzte Mail, der einzige Beweis dafür, dass diese sonderbare Unterhaltung wirklich stattgefunden hatte. Er hatte sich das alles doch nicht einfach nur eingebildet?

Das hättest du wohl gern.

Merkwürdigerweise hatte Kenneth Lust auf dieses Abenteuer. Es war eine abgründige Lust, die im Gegensatz zu der Lustlosigkeit stand, mit der er neuerdings seinen Job verrichtete.

Auf den ersten Blick hatte es sogar fast den Anschein, als wende er sich mit seinem Plan gegen sein ganzes bisheriges Leben: gegen seinen Ordnungssinn und seine Prinzipien, gegen Gesetze, ja, gegen Recht und Ordnung. Doch dies waren nur Äußerlichkeiten. In Wirklichkeit bliebe er sich treu, trotz aller Veränderungen. Er diente letztlich weiterhin demselben höheren Zweck, dem er auch bisher gedient hatte, so dass er seinen Plan gut rechtfertigen konnte: dem Zweck nämlich, das geheime Wissen um die wahren Hintergründe des JFK-Attentats zu schützen. Dass man ihn zu einem Lee Harvey Oswald II. machen und versuchen könnte, ihm das Attentat auf das Archiv anzudichten, störte ihn nicht einen Moment lang. Er wusste ja, dass Oswald unschuldig gewesen war. Die Ungerechtigkeit würde er ertragen, auch wenn dies einmal mehr bedeutete, dass er Haltung beweisen musste. Aber das war er ja gewohnt.

Hier endete die Parallele, denn Kenneth würde sich ganz sicher nicht so einfach ausschalten lassen wie seinerzeit Oswald. Er würde schnell sein, und er würde außer Landes sein, bevor die ermittelnden Behörden auch nur ansatzweise begriffen hatten, was vorgefallen sein könnte. Und was das Wichtigste war: Er würde die JFK-Akten bei sich haben, die weiterhin seinen Lebensmittelpunkt bilden würden, so wie hier in College Park, mit dem Unterschied jedoch, dass man sie ihm nicht mehr wegnehmen konnte, wenn er demnächst in Pension ginge.

Er musste sich also etwas einfallen lassen, um eine oder mehrere Kopien aus dem Sicherheitstrakt zu entwenden. Das würde alles andere als einfach werden, doch wenn es gelang, würde er allein der Herr der Akten sein. Bisher hatte er sie nur den Vorschriften entsprechend verwaltet. Danach waren sie sein. Dann bestimmte er, nach welchen Vorschriften vorgegangen wurde. Sperrfristen, Anträge auf Akteneinsicht und aufdringliche Journalisten brauchten ihn dann nicht mehr zu kümmern. Offiziell wären die Akten vernichtet. Er konnte sich so viel Zeit nehmen, wie er brauchte, um sie durchzuarbeiten. Wenn er danach weiterhin der Auffassung war, dass die amerikanische Öffentlichkeit besser nichts davon erfuhr, so wie er früher geglaubt hatte, dann würde es eben so sein. Falls er jedoch zu dem Schluss kam, dass dieses Wissen veröffentlicht werden musste, oblag es ihm, ihm allein, darüber zu entscheiden, wie diese Veröffentlichung vonstattengehen sollte.

Möglicherweise ließen sich für solche Dokumente Millionen von Dollar erzielen ...

Kenneth schob diesen Gedanken sofort angeekelt von sich. An Geld mangelte es ihm nicht, und wegen Geld würde er das nicht machen. Es ging nur darum, die Kontrolle zu behalten.

JFK und ich allein in der kanadischen Wildnis ...

Am nächsten Morgen meldete sich Evan wie verabredet, und Kenneth schrieb zurück:

„Leiten Sie hinsichtlich der falschen Papiere alles in die Wege. Ich beginne derweil damit, meine Anlagen aufzulösen, und werde mein Geld abheben. Ich bin guter Hoffnung, dies alles noch vor Weihnachten erledigt zu haben."

„Das wäre aus meiner Sicht empfehlenswert", antwortete Evan.

Kenneth wertete dies als indirekten Hinweis darauf, wann das Attentat zu erwarten war: an Weihnachten oder kurz danach.

21. Dezember 2016

Wie in jedem Jahr während der vergangenen drei Jahrzehnte wünschte Kenneth sich auch diesmal, dass Weihnachten bald vorüber war. Für ihn war dies die schlimmste Zeit des Jahres, weil sie ihn spüren ließ, dass er gemessen an den Formen der Geselligkeit anderer Menschen einsam war. Menschen wie Direktor Harrison, Linda Wisniewski und auch sein ehemaliger Auszubildender Russell verbrachten diese Tage mit ihren Familien, Phoebe hatte ihre Frau – und Kenneth seine Akten.

Normalerweise nahm er in diesen Tagen Urlaub, um die jährliche Fahrt zum Grab seiner Frau in Columbus/Ohio zu unternehmen. Nach seiner Rückkehr verließ er das Haus dann nur noch für einen Großeinkauf, in dem er sich mit alkoholischen Getränken eindeckte. Anschließend war er tagelang betrunken. Nur mit ausreichend Alkohol ließen sich diese Tage überstehen, nur mit viel Alkohol hielt seine Fähigkeit, Haltung zu bewahren, dem um sich greifenden Geselligkeitswahn stand.

In diesem Jahr jedoch war der Grund dafür, dass er Weihnachten rasch hinter sich zu bringen hoffte, ein völlig anderer, denn nach Weihnachten musste sich endlich zeigen, ob es ein Attentat auf die JFK-Akten geben würde oder nicht. Es blieben nur noch wenige Tage bis zum Ablauf der Sperrfrist. Bereits am 2. Januar würden die ersten Journalisten und Historiker eintreffen, um sich mit den Akten bekannt zu machen. Wenn *es* passieren sollte, dann musste *es* also bald passieren. Dann würde Kenneth Klarheit haben, wie es weiterging. Damit hatte er einen guten Grund, diesmal keinen Urlaub zu nehmen und sogar nüchtern zur Arbeit zu erscheinen und in seinem gewohnten Rhythmus mit dem Frühstück aus dem Versteck weiterzumachen.

Er war auf alles vorbereitet. Sein Notfallplan stand, Kenneth hatte alle Vorkehrungen getroffen. Seine Anlagen waren aufgelöst, seine Konten leergeräumt, das Geld war in einem Schließfach seiner Bank eingelagert zusammen mit den neuen Personalpapieren. Die Nummernschilder lagen neben einer Handfeuerwaffe zu Hause in einem Versteck, und auch ein Autovermieter, bei dem man rund um die Uhr ein Fahrzeug bekam, war bereits ausgesucht.

Außerdem hatte Kenneth einen Vorsatz gefasst. Wenn er sein Leben schon derart radikal veränderte, konnte er auch mit dem Trinken aufhören. Es war der richtige Zeitpunkt dafür. In dem Moment, in dem er den Schnitt vollzog, würde er seine Sucht abstreifen. Er würde dann schlicht keinen Alkohol mehr brauchen. Sein bisheriges Leben hatte er ohne Alkohol nicht ertragen, weil zu viel daran zerrte, aber das neue Leben würde ganz sein eigenes sein, allein den JFK-Akten gewidmet, so dass es keinen Grund mehr für den Alkohol gab.

Es konnte also jederzeit losgehen. Nur eines fehlte noch: eine Kopie der Akten. Kenneth war noch immer nichts eingefallen, wie er eine der externen Festplatten aus dem Archiv schmuggeln konnte.

Von seiner Abneigung gegen Veränderungen war nur noch ein Rest von Beunruhigung übrig, der sich eher wie Reisefieber anfühlte. Jedenfalls war es nicht Todesangst, was ihn beflügelte und die Vorbereitungen mit ungewohntem Schwung bewältigen ließ. Er dachte kaum an die Drohung, sofern sie ihn selbst betraf. Seine Sorge galt den Akten, die mit ihm sterben würden, wenn, ja, wenn die Originale zuvor im Archiv vernichtet worden waren. Um ihn und sein kleines Leben war es ihm nicht zu tun, aber dass er der Letzte sein würde, der die Wahrheit kannte, der Hüter des Wissens, das abgekapselte, verdrängte schlechte Gewissen eines ganzen Landes, das bestätigte ihm: Er musste leben. Es war tatsächlich seine Pflicht. Und mit dieser Pflicht verhielt es sich nicht anders wie mit all den verschiedenen Pflichten, mit denen er es im Lauf seines Lebens zu tun gehabt hatte: Er nahm sie an. Dankend sogar. Es war eine großartige Pflicht, seinem Land auf diese Weise dienen zu dürfen, eine würdevolle Pflicht, die ihn mit Stolz erfüllte.

Er hatte schon begonnen, von seinem bisherigen Leben Abschied zu nehmen. Auch das war ihm ziemlich leichtgefallen. Er hatte sich Bilder vom Grab seiner Frau angesehen und seinem krebskranken Bruder einen Brief geschrieben. Wenn Ermittlungen angestellt wurden, wie Evan vermutet hatte, würde es tatsächlich ein bisschen so aussehen, als habe Kenneth vor dem Attentat Abschied genommen. Das würde ihn vermutlich verdächtig erscheinen lassen. Er fand die Vorstellung amüsant, dass er mit allem, was er jetzt tat, womöglich eine falsche Fährte legte, mit der sich vielleicht einmal Ermittler beschäftigen würden. Aber er würde längst außer Landes sein, bevor sie ihm zu nahe kommen konnten.

Manchmal dachte er sogar, dass er enttäuscht sein würde, wenn das Attentat nicht stattfand. Dann hätte er keinen Grund zu verschwinden und würde sein bisheriges Leben weiterleben müssen. Oder dürfen. Und in wenigen Jahren pensioniert werden. Dann würde er die Akten verlieren. Waren das etwa positive Aussichten? Er mit sich und dem Alkohol allein in seinem Haus?

Solche Restzweifel erinnerten ihn immerhin daran, dass weiterhin Haltung geboten war. *Es* war noch nicht passiert, und abgesehen davon, dass Evan ihm inzwischen einen Termin durchgegeben hatte, an dem das Attentat stattfinden sollte, gab es bisher keinen einzigen konkreten Anhaltspunkt dafür, dass *es* tatsächlich passieren würde. Evan konnte ihm viel erzählen – ausschlaggebend waren einzig und allein die Fakten.

Manchmal schien es Kenneth, als habe er sich von Evan übermäßig beeindrucken lassen. Aber war das verwunderlich? Kenneth hatte das Gefühl, in Evan einen Geistesverwandten gefunden zu haben, jemanden, der den JFK-Akten äußerste Hochachtung entgegenbrachte. Einmal schrieb Evan sogar:

„Diese Akten haben das Zeug dazu, die Welt zu verändern."

Selbstverständlich begann Kenneth, in Evan einen natürlichen Verbündeten zu sehen. Er wusste ja, was in den Akten stand. Evan schien es allerdings ebenfalls zu wissen, und das irritierte Kenneth natürlich.

„Woher wissen Sie eigentlich, dass die Akten so wichtig sind?", hatte er Evan vor kurzem rundheraus gefragt. „Sie kennen deren Inhalte nicht."

„Das ist richtig", hatte Evan zu Kenneths Beruhigung geantwortet, „aber ich sehe, wie die amerikanische Realität aussieht, und ich habe Einblicke, die mich schließen lassen, dass mit dem Attentat auf JFK eine Entwicklung angestoßen wurde, die bis heute nachwirkt. Unter Berücksichtigung der Tatsache, dass Präsident Johnson die Akten für 75 Jahre wegschließen ließ, folgere ich, dass von ihnen bedeutende Enthüllungen zu erwarten sind."

Vielleicht war es auch nur die staubtrockene Art, wie Evan sich ausdrückte, die Kenneth so für ihn einnahm. Daraus sprach Haltung. Es musste Einiges dazugehören, so etwas wie ein Doppelagent zu sein. Kenneth vermochte sich diese Rolle und ihre Zwänge und Gefahren kaum vorzustellen, aber er fühlte sich geadelt allein durch die Tatsache, dass ein Mann wie

Evan einen wie ihn, Kenneth, zum Verbündeten erkoren hatte.

Ja, er vertraute Evan. Sonderbarerweise vertraute er ihm inzwischen mehr, als er jemals einem Menschen vertraut hatte, seine Frau ausgenommen. Evan hatte geschrieben, dass der Termin für das Attentat auf die Nacht vom 27. auf den 28. Dezember gelegt worden war. Kenneth sah keinen Grund, daran zu zweifeln. Wenn er selbst der Attentäter wäre, würde er genau diesen Termin wählen, denn für diesen Abend hatte die NARA-Administration, Sektion Ostküste, zum Jahresabschlusstreffen nach Washington D.C. geladen, und niemand würde in den Gebäuden in College Park sein, nur das Sicherheitspersonal, das erwiesenermaßen nicht einmal imstande war, Whiskyflaschen hinter Kloschüsseln aufzuspüren.

Ein idealer Zeitpunkt für ein Attentat.

Auch Phoebe hatte in diesem Jahr keinen vollen Weihnachtsurlaub, sondern nur einen Tag genommen, und Russell Miller ließ es sich nicht nehmen, jede verfügbare Minute im Archiv an der Kopie zu arbeiten, die Kenneth ihm gegeben hatte. Diese Kopie würde einmal, wenn denn doch nichts passierte, die Kopie Nr. 1 sein, auf die sich alle Veröffentlichungen und Enthüllungen stützen würden.

In Kenneths Abteilung herrschte das, was in den vergangenen Wochen zum Normalbetrieb geworden war. Inzwischen war die Zahl der Anträge auf Akteneinsicht auf über 6000 gestiegen.

Es war Kenneth schleierhaft, wie er allein mit Phoebe und Russell im kommenden Jahr so viele neugierige Journalisten, Autoren, Historiker, Blogger und Verschwörungstheoretiker durch das Archiv schleusen sollte (wenn *es* nicht passierte), aber immerhin ging die Zahl der täglich hereinkommenden Neuanträge nun spürbar zurück.

„Wie kommst du voran, mein Junge?“, fragte er an diesem Morgen Russell Miller, der im Sicherheitstrakt am Rechner saß und in den Dokumenten las, während sie von der Texterkennungssoftware umgewandelt und von Archivsoftware verschlagwortet wurden. Nach Abschluss dieses Prozesses würde man jedes beliebige Wort in eine Maske eingeben können, woraufhin das gesamte Aktenmaterial auf diesen Suchbegriff hin durchforstet werden würde.

„Eine Heidenarbeit, Sir“, antwortete sein ehemaliger Auszubildender. „Wissen Sie, wie oft der Begriff ‚Schweinebucht‘ im Material vorkommt?“

„Oft“, antwortete Kenneth direkt, „aber die genaue Zahl kenne ich natürlich nicht. Ich habe nicht mitgezählt.“

„Nach Durchsicht von einem Viertel des Materials ist der Begriff 15.766-mal gelistet. Das Schweinebucht-Desaster muss so etwas wie das Trauma der JFK-Hasser gewesen sein.“

„Halte es nur nicht für den Ursprung allen Übels“, sagte Kenneth.

Daraufhin lehnte Russell sich zurück, sah ihn mit entzündeten Augen an und sagte:

„Darauf wäre ich nicht gekommen. Was ist Ihrer Meinung nach der Ursprung allen Übels?“

„Die menschliche Natur“, gab Kenneth würdevoll zurück.

Als er in sein Büro zurückkehren wollte, fiel sein Blick auf Phoebe. Der Hörer ihres Telefons lag neben dem Apparat, wie Kenneth sofort sah, und gleich argwöhnte er, dass sie sich beschweren würde. Doch sie sah ihn nur groß an, so dass er vor ihrem Schreibtisch stehenblieb, statt wie sonst schnell daran vorbei zu streichen in seinem Verlangen nach einem Schluck aus dem Versteck.

„Was ist passiert?“, fühlte er sich genötigt zu fragen.

„Sie wollten doch wissen, wenn Sonderbares außer der Reihe angeordnet wird“, sagte Phoebe. „Die routinemäßige Sicherheitsüberprüfung unserer Systeme wird vorgezogen. Das wurde gerade durchgegeben. Eigentlich ist diese Prüfung erst im März fällig, aber im ganzen ersten Halbjahr 2017 hat die Firma, die das normalerweise macht, angeblich keine Zeit. Also soll der Check morgen durchgeführt werden, am 21. Dezember. Und das sagen die einem am Tag davor!“

Über solche Details konnte Phoebe sich stundenlang aufregen, wie Kenneth aus eigener Anschauung wusste, solche Details wie „nur einen Tag davor“. Er zuckte daher zurück, musterte sie erstaunt und versuchte, Haltung zu bewahren, während es in ihm in Wahrheit drunter und drüber ging.

Handwerker würden ins Haus kommen? Sicherheitsexperten? Um die Systeme zu checken und auf alle Eventualitäten vorzubereiten – oder um sie für das Attentat zu präparieren?

Doch auch Phoebe war heute nicht nach den üblichen Spielchen zumute.

„Ich brauche jetzt einen Schluck“, sagte sie, erhob sich, ging in Kenneths Büro, den entrüsteten Besitzer hinter sich herziehend wie ein Hafenschlepper einen leckgeschlagenen Kreuzfahrtriesen, hielt zielbewusst auf Kenneths Versteck zu, öffnete den Schrank, als wäre es nicht das erste Mal, nahm Flasche und Gläser heraus, schenkte ein und fragte, als sie Kenneths entsetztem Blick begegnete:

„Sie glauben doch nicht ernsthaft, dass mir *das* entgangen ist?“ Und nachdem sie getrunken und das Glas abgesetzt hatte: „Was wäre ich für ein Vorzimmer, wenn mir so was entgeht? Ich weiß genau Bescheid über Ihr Hauptnahrungsmittel.“

Kenneth sank auf seinen Stuhl und starrte sie einfach nur an.

„Ich habe normalerweise meine eigenen Quellen für Stoff“, fuhr Phoebe fort, „aber die sind gerade versiegt. Sorry, dass ich Ihre angezapft habe.“

Sie setzte sich auf die Schreibtischkante – ein Verhalten, dass er als übergriffig empfand und gegen das er in jeder anderen Situation mit größter Entschiedenheit vorgegangen wäre. Heute nicht.

„Seit wann wissen Sie es?“, fragte er tonlos.

Sie machte eine wegwerfende Handbewegung.

„Seit zehn Jahren oder so. Und wann haben Sie mich erkannt?“

„Erkannt? Als was?“

„Als Alkoholikerin.“

Das sagte sie so einfach.

„Gar nicht“, gestand er, und sie nickte und sagte:

„Passt. Sie haben sich nie für andere Menschen interessiert.“

„Menschen sind schwierig“, sagte Kenneth.

„Gar nicht. Eigentlich sind sie sogar simpel. Schwierig werden sie nur dadurch, dass sie darauf bestehen, nicht simpel zu sein. Ich bin das beste Beispiel dafür. Ich bin schwierig, aber simpel. Wollen Sie mir widersprechen?“

Kenneth musterte sie entsetzt, doch in diesem Moment prustete sie los, und so erkannte er, dass sie nur einen Witz gemacht hatte. Zwar erkannte er die Pointe nicht so richtig – „schwierig, aber simpel“, das musste er überdenken –, aber er lachte dennoch, hoffte dabei, dass er nicht hilflos oder gar würdelos wirkte, und sagte:

„Nein, aber Sie sind hintertürig.“

So erfand er ganz nebenbei ein neues Wort.

„Chef“, hob Phoebe an, „ich habe kein gutes Gefühl bei dieser vorgezogenen Sicherheitsüberprüfung. Was soll das? Unsere Systeme arbeiten einwandfrei. Die letzte Wartung war erst im April. Im vergangenen März hatte die Firma ebenfalls keine Zeit. Damals wurde die Überprüfung nach hinten verschoben. Finden Sie es nicht merkwürdig, dass sie jetzt vorgezogen wird? Und zwar gleich um ein Vierteljahr, obwohl die letzte Prüfung erst acht Monate zurückliegt?“

„Phoebe, was ist los mit Ihnen?“, fragte Kenneth. Zu seinem Befremden musste er registrieren, dass seine Finger zitterten, als er nach der Flasche griff, um sich ebenfalls etwas einzuschenken. „Seit wann leiden Sie unter Paranoia?“

„Seit Sie mich damals beauftragt haben, nach Ungewöhnlichem Ausschau zu halten. Wenn der Chef so was sagt, wird er sich was dabei denken, habe ich gedacht. Und dann diese plötzliche Eile bei der Digitalisierung der Akten …“

„Die Digitalisierung war überfällig!“

„Travis wundert sich, dass noch niemand versucht hat, die Akten zu verbrennen.“

„Travis? Der Bote? Wie kommt der auf solche Ideen?“

„Er sagt, es müssen ungeheuerliche Dinge drinstehen, weil die Akten sonst nicht so lange gesperrt worden wären. Sie kennen die Akten, nicht wahr? Stimmt es, was Travis sagt? Was steht drin?“

Kenneth stand auf, brachte seine Lippen neben ihr Ohr und flüsterte:

„Dreck. Jede Menge Dreck.“

„Dann könnte es sein, dass Travis recht hat?“

Kenneth zuckte mit den Schultern, setzte sich wieder, nahm sein Glas und trank es leer. Er fühlte sich ein wenig beklommen, hier in seinem Büro, wo er stets allein und heimlich getrunken hatte, gemeinsam mit Phoebe zu trinken. Das bedeutete einen Bruch der Intimität zwischen ihm und seinem Büro. Doch so, wie die Dinge lagen, hatte er wenig Einfluss auf die weitere Entwicklung. Hoffentlich bedeutete das nicht, dass er sich damit abfinden musste, künftig immer gemeinsam mit Phoebe zu trinken. Das ginge für seinen Geschmack deutlich zu weit.

„Travis redet Blödsinn“, antwortete Kenneth. „Die Akten sind hier sicher. Der Direktor hat der Überprüfung zugestimmt?“

Phoebe nickte, und Kenneth fuhr fort:

„Dann hat alles seine Ordnung. Wann soll die Wartung durchgeführt werden?“

„Morgen nach Dienstschluss.“

„Dabei werden alle Sicherheitssysteme runtergefahren, nicht wahr?“

„Ja, nachdem die Updates installiert worden sind, muss das System neu gestartet werden.“

Kenneth hatte plötzlich eine Idee. Im Grunde kam ihm diese Wartung wie gerufen. Wenn die Computersysteme heruntergefahren werden mussten, würden die Metalldetektoren an den Ausgängen des Gebäudes minutenlang offline sein. Das bedeutete, dass es ein Zeitfenster für Kenneth gab, in dem er die externen Festplatten mit dem JFK-Material hinaus schmuggeln konnte.

„Wissen Sie was“, sagte er zu Phoebe, „ich werde mir die Wartungsarbeiten morgen genau ansehen. Ich werde dabei sein, und übermorgen lassen wir das Update von Danny Sandgren überprüfen.“

„Danny ist erst am 2. Januar wieder da. Sie wissen doch, er hat nur eine halbe Stelle. Die erste Monatshälfte arbeitet er voll, in der zweiten hat er frei.“

Das passte gut in die Attentatsplanung, wie Evan sie übermittelt hatte.

„Und die anderen Haustechniker?“

„Barry Merton hat Urlaub, und sonst ist keiner da. Es gab mal vier Haustechniker, aber dann hat Washington den Sparzwang erfunden.“

Das bedeutete, dass es am Abend des 27. Dezembers keinen Notdienst geben würde. Nun war Kenneth endgültig überzeugt, dass es tatsächlich ein Attentat geben würde. Vermutlich würden die Sicherheitsanlagen bei der morgigen Wartung in irgendeiner Weise manipuliert werden, so dass der Anschlag wie ein technisches Versagen aussehen würde.

„Keine Sorge“, sagte er dennoch zu Phoebe. „Ich werde ein Auge auf die Techniker haben.“

„Sie kennen sich mit der Technik doch überhaupt nicht aus.“

Trotzdem schien sie beruhigt.

„Ich erkenne es, wenn jemand zu manipulieren versucht“, behauptete Kenneth und schenkte sich unter Phoebes skeptischen Blicken noch etwas Whisky ein.

„Das reicht dann aber“, sagte sie. „Sonst merkt jemand was.“

Er nickte, trank aus und stellte das Glas weg. In Kürze würde er sowieso damit aufhören.

***

Die Techniker waren gekleidet wie Techniker, redeten wie Techniker, witzelten wie Techniker – Kenneth fand nicht den geringsten Hinweis darauf, dass sie in Wahrheit Geheimagenten waren, die es auf die Manipulation der NARA-Sicherheitstechnik abgesehen hatten. Sie musterten ihn verwundert und mit einem spöttischen Zucken um die Mundwinkel, als er verkündete, sie bei ihrer Arbeit begleiten zu wollen, denn gewöhnlich waren ihre Klienten froh, dass sie kamen, sich kümmerten, eine Erfolgsmeldung verkündeten und wieder gingen. Was dazwischen passierte, interessierte normalerweise niemanden. Und nun wollte Kenneth dabei sein?

„Davon hat keiner was gesagt“, merkte der eine murrend an, dessen Namensschild ihn als Dunning auswies, doch der andere, der Wilson hieß, zuckte mit den Schultern und sagte:

„Dann wollen wir es uns mal ein bisschen gemütlich machen. Komm mit, Kleiner.“

Früher hätte dieser Tonfall Kenneth zutiefst abgestoßen und eingeschüchtert, doch inzwischen hatte er reichlich an Lebenserfahrung gesammelt und wusste, wie Techniker sich verhielten, insbesondere wenn sie paarweise oder in Gruppen auftauchten, und so ließ er die Provokation mit lässiger Haltung und einem schiefen Grinsen an sich abperlen. Es stimmte ja, er war deutlich kleiner als der Techniker. Warum sich ärgern über etwas, was schlicht ein Faktum war?

Die beiden trennten sich im Keller. Kenneth folgte Wilson, der sich zunehmend wortkarg gab, je mehr Kenneth ihn mit Fragen triezte. Welchem Zweck diente diese und jene Schaltung? Hatte sie etwas mit der Vakuumpumpe zu tun? Wozu war dieses Werkzeug gut, das Kenneth zur Hand nahm, als Wilson soeben danach greifen wollte? Mit anderen Worten: Kenneth betätigte sich als Nervensäge – und erfuhr durch nebenher eingestreute Fragen alles, was er wissen wollte, vor allem wann die Detektoren an den Ausgängen des Gebäudes und die Videoüberwachung im Inneren offline waren.

Dann gab er vor, auf die Toilette zu müssen, suchte aber stattdessen den Sicherheitstrakt auf, da er nun wusste, dass die Überwachungsanlage in diesen Sekunden herunterfuhr, nahm zwei Festplatten aus dem Regal, packte sie in seinen Rucksack und machte sich direkt auf den Weg zum Ausgang des Gebäudes.

Das Herz klopfte ihm bis zum Hals, als er die Detektoren passierte. Dies war zweifellos der aufregendste Moment seines bisherigen Lebens. Eine Premiere. Er beging seinen ersten Diebstahl! Jeden Moment erwartete er, dass Alarm gegeben wurde. Doch die Detektoren waren offline wie das Sicherheitssystem des gesamten Gebäudes, und Kenneth gelangte unbehelligt ins Freie, in die klirrend kalte Dezembernacht. Da beeilte er sich, seinen Wagen zu erreichen, damit die Festplatten keinen Schaden durch die Kälte nahmen.

Er hatte seinen Schatz gerettet.

Ob die Menschheit ihm diesen Einsatz jemals danken würde?

Egal. Er brauchte den Applaus der Öffentlichkeit nicht. Nach einem guten Schluck allerdings verspürte er nun äußerstes Verlangen.

27. Dezember 2016

Kenneth war nicht zum Jahrestreffen der NARA nach Washington gefahren, sondern hatte sich am Nachmittag krankgemeldet. Das hatte schon fast Tradition. Er hatte noch nie an einem dieser Treffen teilgenommen.

Es ging ihm tatsächlich nicht gut. Vielleicht hätte er doch etwas trinken sollen, wenigstens einen kleinen Schluck? Aber dies war ein wichtiger Tag, einer der wichtigsten seines Lebens. Kenneth wollte nicht, dass ihm heute etwas entging. Also hatte er alle Disziplin zusammengerafft, zu der er fähig war, und hatte sich den Stoff versagt. Seit dem Morgen war er trocken. Es war der erste Tag seit vielen Jahren, in den er ohne Frühstück startete. Doch ab morgen würde er ohnehin darauf verzichten, nachdem sein neues Leben begonnen hatte. So war es beschlossen, und so würde es geschehen.

Seine Unruhe stellte ihn auf eine harte Probe. Kenneth sah seiner neuen Zukunft mit größerer Zuversicht entgegen als seiner alten, doch je näher der Moment kam, an dem sie begann, desto mehr wuchsen seine Bedenken, denn eigentlich hatte er es sich doch recht behaglich eingerichtet in seinem bisherigen Leben mit seinem Versteck im Schrank und den kleinen Ritualen und allem Drum und Dran. Waren die JFK-Akten wirklich so wichtig, dass es sich lohnte, dafür alles zu verändern? Gegen dieses Beharren protestierte sein Pflichtgefühl: Natürlich rechtfertigte der Schutz der Akten selbst den äußersten Einsatz! Der Staat mochte nicht mehr dazu in der Lage sein, sie zu schützen, aber Kenneth konnte es. Und das war nicht nur seine Pflicht, sondern auch eine Ehre.

Doch die Unruhe blieb.

Ein guter Schluck könnte helfen!

Er blieb hart. Das neue Leben sollte eine Chance sein. Wenn die Korsage seines Arbeitsalltages wegfiel, musste er umso mehr Haltung aus sich selbst heraus aufbringen. Ohne Alkohol.

Evan hatte ihm gestern noch einmal bestätigt, dass die Vorbereitungen für das Attentat abgeschlossen waren und dass es heute Nacht stattfinden würde.

„Überprüfen Sie noch einmal, ob Sie wirklich das gesamte Archiv gerettet haben“, hatte Evan ihm geschrieben. „Morgen ist der letzte Tag, an dem Sie bisherige Fehler noch ausgleichen können.“

„Das werde ich heute Abend zu Hause machen“, hatte Kenneth geantwortet, und so war es auch geschehen. Natürlich hatte er darauf geachtet, dass sich sein neues Notebook, das er für den beginnenden Lebensabschnitt angeschafft hatte, nicht automatisch über den nächsten Wireless-Zugang ins Internet einloggte. Ja, auch diese letzte Prüfung der beiden Festplatten ergab, dass sie weiterhin das gesamte JFK-Material enthielten, so wie auch bei den vielen vorangegangenen Prüfungen. Sämtliche JFK-Akten, das wohl wichtigste Staatsgeheimnis der USA, befanden sich auf diesen vergleichsweise winzigen Boxen. 811.634 Einzeldokumente, 1,5 Terabyte an Daten – da kam eine Menge Arbeit auf ihn zu. Er freute sich drauf!

Es war also nicht nötig, noch einmal ins Archiv zu gehen und in den Sicherheitstrakt hinabzusteigen.

„Ihr Plan ist gut, und er wird funktionieren“, hatte Evan geschrieben. „Sie sollten eine Weile warten, bis Gras über die Sache gewachsen ist. Das Land soll sich mit dem Gedanken abfinden, dass es niemals Auskunft über die wahren Hintergründe des Kennedy-Attentats erhalten wird. Wenn Sie dann wieder auftauchen, ist der Überraschungseffekt auf Ihrer Seite. Sie haben von fünf Jahren gesprochen, die Sie sich zurückziehen wollen. Diese Frist halte ich für ein Minimum.“

„Ich gebe Ihnen Recht“, antwortete Kenneth, die enorme Datenmasse vor seinem geistigen Auge, wie sie derzeit noch in Gestalt von historischen Dokumenten in Reih und Glied in ihren Aktenordnern, Dokumentenmappen, Notizbüchern und Zettelsammlungen dort unten im Sicherheitstrakt ruhte. „Fünf Jahre war vielleicht ein wenig zu kurz gegriffen. Sagen wir lieber acht.“

„Wir werden in dieser Zeit keinen Kontakt haben“, gab Evan zurück. „Ich werde Ihren genauen Aufenthaltsort nicht kennen, und ich werde voraussichtlich nicht erfahren, wenn Ihnen etwas zustößt. Ich habe mit dem Gedanken gespielt, dass wir eine Art von Routine verabreden sollten, etwa dergestalt, dass ich Ihnen im Halbjahresturnus eine Mail schicke, die Sie mit dem Vermerk ‚Ich lebe noch' beantworten, aber Ihr Rückzug muss vollständig sein, zu Ihrem und dem Schutz der Akten. Das Beste wird daher sein, dass ich Ihnen in acht Jahren jemanden vorbeischicke, um nach Ihnen zu sehen."

„Wen?"

„Das weiß ich noch nicht, aber Sie sollten dann bereit sein. Im Jahr 2024, wenn es so weit ist, werden wir wieder Präsidentschaftswahlkampf haben, und es könnte sein, dass es dann wirklich um die Zukunft unseres Landes geht. Dann sollte Amerika die Wahrheit über das Kennedy-Attentat erfahren."

Die Erkenntnis traf Kenneth mit eisiger Schärfe, dass Evan offenbar in Dimensionen von Jahrzehnten dachte und plante. Die JFK-Akten heute in Sicherheit zu bringen, damit sie im Jahr 2024 eine Rolle im Wahlkampf spielen konnten – Kenneth wäre nie im Leben auf einen solchen Gedanken gekommen. Was für ein Spiel spielte Evan, welche Ziele verfolgte er? Es ging ihm nicht nur um den Erhalt der Akten, sondern er hatte auch noch etwas mit ihnen vor? Für Momente fühlte Kenneth sich wie eine Figur auf dem Schachbrett, die in die Hinterhand zurückgezogen wurde, um später wieder in Stellung gebracht zu werden. Doch er verzichtete darauf, Evan jetzt noch unbequeme Fragen zu stellen. Ihm war bei aller inneren

Unruhe eher feierlich zumute, weil der große Moment nun unmittelbar bevorstand und weil dies das letzte Gespräch mit Evan war. Er hatte Evan bisher vertraut. Er sah keinen Grund, dies jetzt zu ändern.

„Ich weiß nicht, was Sie vorhaben“, mailte er zurück, „aber ich werde bereit sein. Acht Jahre werden genügen, um diesen Dreck aufzuarbeiten.“

„Sie nehmen sich auch wirklich nicht zu viel vor?“

Mit dieser Sorge kam Evan ein wenig spät um die Ecke, fand Kenneth.

„Ich habe mir eine Aufgabe gestellt“, antwortete er, „und dieser Aufgabe werde ich gerecht. Es wäre die erste, an der ich scheiterte.“

„In acht Jahren werden Sie jenseits der 70 Lebensjahre sein.“

Wie Evan sich manchmal ausdrückte!

„Ja“, schrieb Kenneth schlicht zurück. „Wen auch immer Sie mir dann schicken, er sollte vielleicht eine Ausrüstung zur Reanimierung mitbringen. Kleiner Scherz am Rande. Ich bin gesund, und es gibt keinen Grund anzunehmen, dass ich diese Jahre nicht gesund überstehe. Aber wie werden Sie mich finden? Ich habe Ihnen nicht gesagt, wohin ich zu gehen beabsichtige.“

„Mir stehen Mittel zur Verfügung, dies zumindest näherungsweise herauszufinden“, antwortete Evan. „Um es ganz klar zu sagen: Es sind die Mittel von SC... Damit bin ich out.“

SCOUT!

Der Name, der indirekt in den JFK-Akten auftauchte! Evan konnte ihn nicht einfach in seinen Schreibfluss einfügen, weil der Mailverkehr auf bestimmte Schlüsselbegriffe überprüft wurde. Der Begriff *SCOUT* gehörte offenbar dazu.

„Sie sind Mitglied?“, fragte Kenneth schlicht.

Diane hat es gesagt!

„Sie sind hoffentlich nicht überrascht“, lautete die Antwort. „Ich dachte, das läge auf der Hand, nachdem ich Ihnen interne Informationen geliefert hatte.“

„Ja. Aber warum arbeiten Sie gegen Ihre eigenen Leute?“

„Das tue ich nicht. Ich stelle lediglich einige Weichen für den möglichen Fall, dass die Dinge sich weiterhin ungünstig entwickeln. Es gibt Zukunftsprognosen, die ich für nicht hinnehmbar halte. Was ich tue, ist letztlich im wohlverstandenen Sinn von *SCOUT*. Aber ich schlage vor, dass wir uns darüber in acht Jahren wieder unterhalten. Wir laufen sonst Gefahr, uns über ungelegte Eier zu zerfasern.“

Kenneth runzelte die Stirn angesichts dieser schiefen Metapher, doch er verstand, was Evan meinte, und gab ihm recht. Auch er hatte jetzt anderes im Kopf. Ein regulärer Arbeitstag noch, den er mit gewohnt aufrechter Haltung zu bestreiten gedachte, und dann begann das neue Leben.

„Auf Wiederlesen in acht Jahren“, schrieb er.

„Machen Sie es gut“, antwortete Evan mehrdeutig.

Das hatte Kenneth vor.

***

Kenneth fuhr also nicht zum NARA-Empfang nach Washington, sondern meldete sich krank und buchte bereits am späten Nachmittag bei der Mietwagenagentur, die er ausgesucht hatte, unter seinem neuen Namen mit seinen neuen Papieren einen Allradwagen, den er zu Hause mit allem belud, was er für sein neues Leben benötigte. Alkohol war nicht dabei. Er war absolut davon überzeugt, dass Evans Vorhersagen eintreten würden.

Gegen 21 Uhr fuhr er in der Nähe der NARA auf den Parkplatz des Observatoriums der Universität von Maryland. Von hier aus konnte er durch das Geäst der entlaubten Bäume das Gebäude sehen, in dem er während der vergangenen zwanzig Jahre gearbeitet hatte.

Es war eine klirrend kalte Nacht, doch es lag kein Schnee. Weiter nördlich war das anders, in Illinois und Wisconsin, wo er morgen sein würde. Er hatte sich im Netz über die Bedingungen auf den Straßen informiert und sah keine Probleme. Gewiss war der Dezember nicht der ideale Monat für eine Reise nach Kanada. Tatsächlich war der Gedanke sogar geradezu irrwitzig. Genau darum war dies die richtige Vorgehensweise. Zumal die Preise für Blockhütten im Wald zu dieser Jahreszeit vermutlich besonders niedrig waren.

Das Archiv lag verlassen in der Nacht. Alle Fenster waren dunkel, nur in der Empfangshalle brannte Licht. Kenneth hatte erwartet zu sehen, wie hier und da nach und nach Licht in den Räumen eingeschaltet wurde, im Lauf der Runde des Sicherheitsdienstes, doch der war zurzeit anscheinend im Keller des großen Komplexes unterwegs oder schlief. Letzteres war keineswegs ausgeschlossen, wie Kenneth glaubte, denn heute Abend würde den Wachleuten ganz gewiss niemand auf die Finger sehen.

Es war ein ruhiger Abend, nur auf der nahen Adelphi Road waren vereinzelt Autos unterwegs. Der Himmel war wolkenlos, eisig blitzten die Sterne. Kenneth erkannte den Jäger des Himmels, Orion, und hoch über ihm stand das W der Cassiopeia in beispielloser Klarheit beinahe im Zenit. Das Universum sah gewissermaßen auf ihn hinab und schien zu blinzeln, als bringe es Kenneth Sympathie entgegen.

Wir kleinen Menschen machen wirklich viel Unsinn auf diesem Planeten. Es ist nur gut und richtig, wenn jemand mal was Sinnvolles anstellt.

21:30 Uhr.

Der Moment war da. Von hier aus durch die Bäume war nicht zu erkennen, was im Inneren des NARA-Gebäudes vor sich ging, aber Kenneth sah vor seinem geistigen Auge, wie der Funke aufglühte und wie die Flammen überall dort aufsprangen, wo Brandbeschleuniger ausgebracht worden war. Er hatte dieses Bild oft genug vor sich gehabt in seinen nächtlichen Angstträumen. Er sah auch, wie das Feuer die unersetzlichen Akten erfasste und für immer vernichtete. Die Flammen züngelten an den Regalen empor und erfassten immer größere Teile des Aktenbestandes, bis der Sicherheitstrakt in hellen Flammen stand. Und die Vakuumpumpe sprang natürlich nicht an.

Die Originale der JFK-Akten waren nun Geschichte oder würden es bald sein.

Als erstes Anzeichen dafür, dass tatsächlich etwas nicht stimmte, flammten im gesamten Gebäude plötzlich die Deckenlampen auf. Von einer Sekunde auf die andere lag der Komplex hell erleuchtet da. Vermutlich gab es drinnen jetzt eine automatische Durchsage mit der Aufforderung an alle Menschen, das Gebäude zu verlassen. Durch die Bäume hindurch konnte Kenneth zwei, nein, drei Gestalten erkennen, die im Foyer hin und her liefen und aufgeregt gestikulierten. Sie schienen zu telefonieren.

Hoffentlich ist wirklich niemand im Gebäude.

Er musste plötzlich an Russell denken. Sein junger Nachfolger hatte zum Jahrestreffen fahren wollen.

Ob er in Gefahr ist?

Kenneth zuckte mit den Schultern. Es war ohnehin zu spät.

Für Russell konnte er jetzt nichts mehr tun.

Dann blickte er zum Dach hinauf und sah ein dünnes Rauchfähnchen, das über dem Gebäude in den Himmel stieg. Vermutlich zog es über die Abluftschächte ab.

Es war passiert. Alles deutete darauf hin. Kenneth hätte es nicht ändern können. Jetzt musste er an seine Pflicht denken, die darin bestand, sein Wissen zu bewahren. Und das bedeutete, dass er nun aufbrechen musste.

Auf den Weg in mein neues Leben.

Als er in den gemieteten Wagen stieg, wurde Kenneth Fitzgerald zu Darren O'Hara.

Er startete und rollte vom Parkplatz des Observatoriums bis zur Einbiegung in die Metzerott Road. Erst hier schaltete er das Licht ein. Mit gemächlicher Beschleunigung fuhr er der Kreuzung mit der Adelphi Road entgegen, wo er nach rechts abbog Richtung Interstate 495. Als er beim Abbiegen nach links sah, Richtung College Park, konnte er in der Ferne die Lichter der nahenden Feuerwehr sehen.

Und er, den die Ermittler vielleicht für den Täter halten würden, fuhr einfach davon.

Der Gedanke war lächerlich, und Darren musste lachen.

Fünf Minuten später bog er auf einen Parkplatz, der dunkle Ecken bot, und wechselte die Nummernschilder aus, wobei er eine kleine LED-Stabtaschenlampe zu Hilfe nahm. Dann stieg er wieder ein, holte einen Hammer aus seinem Rucksack und zerschlug damit GPS und

Navigationsgerät. Dann startete er den Wagen und fuhr weiter. Zwei Minuten später war er auf der Interstate und rollte entspannt nach Westen, um bald darauf die 270 Richtung Pittsburgh zu erreichen.

Er war in allerbester Stimmung.

Eigentlich war dies der ideale Moment für eine kleine Belohnung.

Nein, damit ist Schluss.

Doch was konnte es schaden? Ein einziger letzter Schluck nur noch!

Vor Gaithersburg machte ein großes Plakat auf eine Mall aufmerksam. Es gab natürlich noch viel mehr Schilder, doch aus irgendeinem Grund übersah sein Auge die Diner-, Werkstätten-, Schuhläden- und Erlebnispark-Werbung, die an der Interstate aufgereiht war, und stolperte ausgerechnet über die Mall. Darren fuhr langsamer. Sein Auge wusste, wonach es suchte, und erkannte das Logo von *Total Wine & More*. Nach Wein war ihm allerdings nicht zumute, eher nach mehr.

Einen Moment zögerte er.

Dann lenkte er seinen Wagen auf die Ausfahrt.

Heute ist noch nicht morgen.

Heute bin ich noch Kenneth.

Epilog

27. Dezember 2016, 22:40 Uhr

Brand vernichtet Kennedy-Akten
Eilmeldung des *Washington Inquirer Online*

Aus College Park berichtet Mick Johnson

Bei einem Brand in den Räumen der *National Archives and Records Administration* (NARA) wurden offenbar große Mengen geheimer historischer Dokumente vernichtet. Darunter sollen sich auch die Original-Unterlagen der Warren-Kommission befinden, die im Jahr 1963 das Attentat auf John F. Kennedy untersuchte. Auf Basis dieser Datenlage war Lee Harvey Oswald als Attentäter identifiziert worden. Dieses Resultat der Kommission ist seitdem vielfach angezweifelt worden. Am 31. Dezember, also in wenigen Tagen, wäre die Sperrfrist für die Unterlagen abgelaufen. Die Vorbereitungen für ihre Veröffentlichung waren weit fortgeschritten, wie eine Sprecherin der NARA sagte.

Das Feuer brach aus bisher ungeklärter Ursache im Keller aus, unweit des Sicherheitstrakts mit den Dokumenten. Die Sprecherin wollte Fremdeinwirkung nicht ausschließen. Ein Sprecher der Feuerwehr sagte hingegen, dass sich in solchen Fällen normalerweise ein Kurzschluss als Ursache herausstelle. Dafür spreche auch, dass die Sicherheitsvorkehrungen des Archivs versagt hätten.

Der materielle Schaden betrage mehrere Millionen Dollar, sagte die Sprecherin. Der ideelle Schaden hingegen sei nicht zu beziffern. Bisher ist nicht bekannt, ob Menschen zu Schaden kamen.

Die JFK-Akten

Ende

Die handelnden Personen und die Handlung dieses Romans sind frei erfunden. Eventuelle Ähnlichkeiten mit tatsächlichen Vorkommnissen oder lebenden Personen wären rein zufällig.

Kenneth Fitzgerald kehrt wieder in

Incubus – Virenkrieg III.

Der dritte Roman des ***Virenkrieg***-Zyklus von Lutz Büge spielt im Jahr 2024. Hat Kenneth die JFK-Akten in Sicherheit bringen können? Sind die USA bereit, die Wahrheit über das Attentat zu erfahren?
Auch Diane Arnsworth taucht in ***Incubus – Virenkrieg III*** wieder auf. Evan spielt eine wichtige Rolle in allen ***Virenkrieg***-Romanen.

Virenkrieg Sidelines ist eine Serie von Kurzromanen, die Nebenhandlungen der ***Virenkrieg***-Romane von Lutz Büge erzählen. ***Die JFK-Akten*** ist der erste Roman in dieser Serie. Mehr Information:

ybersinn.de/romane/virenkrieg-sidelines

Ybersinn.de ist das Blog von Lutz Büge. Dort erfährst Du mehr über den Autor und alle seine Projekte. Oder like ihn auf Facebook:

facebook.com/autor.lutz.buege

Auf der nächsten Seite: mehr von Lutz Büge.

Virenkrieg

Romanzyklus

Buch und
E-Book

Virenkrieg I

E-Book

Virenkrieg II

in
Arbeit
soll 2017
erscheinen

Virenkrieg III

in
Planung

Virenkrieg IV

in
Planung

Virenkrieg V

Sidelines

Die
Virenkrieg Sidelines
erzählen, was im
Virenkrieg-Zyklus
von Lutz Büge
nur angerissen
werden konnte

E-Book

Mehr erfahren:

ybersinn.de/romane/virenkrieg-zyklus

ybersinn.de/romane/virenkrieg-sidelines

Außerdem von Lutz Büge

Der Osiris-Punkt
Ägypten-Abenteuer. E-Book

Die mächtigen, beleuchteten Kolonnaden des Sethos-Tempels schienen nur einen Steinwurf weit entfernt. Mitten aus dem Ort erhob sich das alte Bauwerk, doch es war früher hier gewesen als jedes Haus in Abydos, früher als Islam und Christentum, und entsprechend selbstbewusst und schweigend ragte es aus damaliger Zeit in die Gegenwart hinein ...

Ägypten im Jahr 2014. Theo Magenheim, der Studienabbrecher, stolpert in eine Geschichte hinein, die lebensgefährlich werden wird. In Deutschland hangelte sich der junge Mann von Job zu Job. Nun versucht er in Ägypten sein Glück als Fremdenführer. Zufällig ist er dabei, als in einem unterirdischen Gelass hinter dem Sethos-Tempel von Abydos eine geheimnisvolle Papyrus-Rolle gefunden wird. Damit hält Theo den Schlüssel zu einer bedeutenden archäologischen Entdeckung in Händen. Von diesem Moment an rückt Abydos in den Fokus der Islamisten, die derzeit in Ägypten das Sagen haben. Sie versuchen, das Land zur Islamischen Republik umzubauen, doch sie sind zerstritten, und es regt sich Widerstand. Es gibt Kräfte in ihren Reihen, die dem Gold der Pharaonen zugeneigt sind ...

Teil 1 des **Amduat**-Zyklus. Ybersinn-Verlag Offenbach. Ca. 523 Seiten. ISBN: 9783981738810. Preis: 9,99 €. In allen gängigen E-Book-Shops.
Info: ybersinn.de/romane/der-osiris-punkt/

Der hölzerne Pharao
Ägypten-Abenteuer. E-Book.

Eine 3000 Jahre alte hölzerne Statue gibt Rätsel auf, die nur mit abenteuerlichen Methoden gelöst werden können. Ein Botschafter a.D. ist in geheimer Mission in Kairo unterwegs, und eine bretonische Detektivin ermittelt gegen den Schurken Bernard Tedritov, der Theo Magenheim und seinen Leuten das Leben schwerzumachen versucht. Derweil geht Theo wieder auf Grabungstour – in Saqqara, dem größten bronzezeitlichen Friedhof der Welt. Eine Schnitzeljagd durch die Ewigkeit beginnt …

Teil 2 des Amduat-Zyklus. Fortsetzung von **Der Osiris-Punkt.** Ybersinn-Verlag Offenbach. Ca. 523 Seiten. ISBN: 9783981738810. Preis: 9,99 €. Erhältlich in allen gängigen E-Shops
Info: ybersinn.de/romane/der-hoelzerne-pharao-2014/

Genetics
SciFi-Thriller. E-Book.

Als Cal sich umdrehte, blickte er in die grünen Augen eines jungen, muskulösen Tics vom Bodytyp Mechaniker, Hauttyp allenfalls Plus, der sich ein Handtuch um die Hüfte geschlungen hatte und dessen Blicke an Cals Schulter hingen. „Darf ich mal anfassen?“, fragte der Bursche. Allein die Frage war schon eine Frechheit, eine unerhörte Grenzüberschreitung. Man fasste einen wie Cal nicht einfach an. Doch dass der Bursche die Antwort nicht abwartete ... Cal schlug die Finger des Jungen grob beiseite. „Reicht!“, knurrte er drohend.

„Block Arkansas“ ist der Name eines geheimen unterirdischen Laborkomplexes im US-Bundesstaat Arkansas. Einen Kilometer tief in der Erdkruste, seit dem Jahr 2024 hermetisch versiegelt, sollte hier der Amerikaner der Zukunft entwickelt werden — groß, stark, gesund. Doch dann brach im Jahr 2025 die Verbindung zur Erdoberfläche ab, und seitdem ist Block Arkansas mit seinen Bewohnern, den Tics, sich selbst überlassen. Supercomputer Ciah herrscht dort unten, darauf programmiert, die Artverbesserung unerbittlich voranzutreiben — bis eines Tages der Tic Cal, Ciahs bestes Produkt, den Kopf verliert und versagt. Danach ist nichts mehr, wie es vorher war, und Block Arkansas droht, ausgelöscht zu werden …

Sequel zu ***Virenkrieg*** (aber erzähl es keinem). Heavy-E-Book. Ybersinn-Verlag Offenbach. 430 Seiten. ISBN: 9783981738827. Preis 9,99 Euro. In allen gängigen E-Book-Shops.
Info: ybersinn.de/romane/genetics/

Inh. Thomas Vögele
Senefelderstr. 24, 63069 Offenbach
Cover: Isabella V. Galanty